ÉLOGE DE LA BARBARIE JUDICIAIRE

Thierry LÉVY

ÉLOGE DE LA BARBARIE JUDICIAIRE

Odile Jacob

15, rue Soufflot, 75005 Paris

www.odilejacob.fr

ISBN : 2-7381-1554-3

Prologue

En choisissant de faire l'éloge de la barbarie dans un essai visant à améliorer la procédure criminelle, je n'ai pas cédé à la tentation du paradoxe ni à celle de la provocation.

Ce titre a un sens précis que je voudrais m'efforcer d'expliquer. La question criminelle présente deux aspects. D'une part, elle porte sur la définition des infractions et des peines applicables à leurs auteurs ; d'autre part, elle détermine la manière de conduire le procès. Si l'ensemble de cette problématique est en relation étroite avec l'état de la société à un moment déterminé ainsi qu'avec son régime politique, la procédure pénale qui règle la mise en accusation et le jugement est, davantage que la loi pénale dont les évolutions sont rapides, enracinée dans une histoire longue.

En dépit de retouches incessantes, le procès criminel aujourd'hui en usage n'a pas été réformé depuis son apparition au XIIIe siècle dans un État fanatique et religieux, où l'individu était asservi. Lui succédant après bien des soubresauts, l'État laïque, républicain et libéral a conservé la structure d'un système de poursuites devenu inséparable d'une certaine organisation administrative et politique.

Conçu pour rendre manifeste la présence de Dieu dans les affaires des hommes et faire peser sur eux la supériorité du souverain politique, le procès criminel, instrument de pouvoir, a survécu, malgré la disparition de ses causes et de ses origines, au mépris du droit à des institutions équitables. Qu'elle soit suivie ou pas d'une incarcération, la mise en accusation place la personne poursuivie pour un délit ou pour un crime dans une position d'infériorité dont elle ne se relèvera pas.

De temps à autre, l'activité judiciaire met en lumière les dommages irréparables causés par une pratique dans laquelle l'accusateur, à la fois enquêteur et juge, impose son point de vue face à une défense faible. Bien qu'insupportable et parfaitement connue, cette situation, dénoncée de manière épisodique et récurrente, est acceptée comme toutes ces choses qu'un usage constant transformé en habitude a inscrites dans le paysage quotidien.

Les partisans, toujours nombreux, du statu quo disposent d'expressions toutes faites et d'une rhétorique prête à porter pour maintenir l'intolérable. Sachant qu'un mot compliqué suffit à obscurcir une chose simple, ils évitent de parler de procès équitable et préfèrent dénoncer le système accusatoire comme un produit d'importation d'origine américaine dont il n'y a pas lieu de vanter les mérites. « Cela, disent-ils, ne fait pas partie de nos traditions et de notre culture. »

Justement, rien n'est plus faux. L'égalité devant la justice n'est pas seulement un principe universel. Sous la forme des duels judiciaires, elle a été pratiquée pendant des siècles en France et en Europe, et elle n'a été abandonnée que devant la montée en puissance de régimes autoritaires.

Certes, ainsi qu'on le verra dans cet essai, le duel judiciaire n'allait pas sans violences et cruautés, mais son interdiction et son remplacement par les juges de l'Inquisition dont nous avons hérité ont détruit l'égalité sans supprimer les violences.

Aujourd'hui, alors que l'inégalité est encore la règle, le procès criminel n'est plus sous l'emprise de l'État autoritaire. Il s'est trouvé un nouveau maître, plus aveugle, plus irrationnel et aussi menaçant. C'est, à travers ses figures multiples et superstitieuses, le plaignant aux mille récriminations, transfiguré en sainte victime. Idolâtrée, celle-ci aggrave un peu plus le déséquilibre au détriment de l'accusé.

Le duel des âges barbares n'a pas besoin de moi pour le défendre. En faisant son éloge, je crois cependant avoir montré qu'en renonçant à comparaître égaux devant le juge nous perdions jusqu'au goût même de l'innocence.

CHAPITRE I

LES JEUX SONT FAITS

Faux débat

C'était en 2004 mais cela aurait pu arriver en 2003 ou en 2005. Cette année-là, un hiver douceâtre et pluvieux touchait à sa fin. On était au mois de février et la nuit tombait de bonne heure. Le rassemblement devait avoir lieu à 18 heures place Vendôme, mais la petite troupe de jeunes avocats en robe regroupée rue de la Paix s'en était vu interdire l'accès par un cordon de police. Braillarde, égayée par quelques calicots et un porte-voix, la réunion finit par se tenir un peu à l'écart, au débouché de la rue de la Paix. Le mot d'ordre était dirigé contre un projet de loi portant le nom du ministre de la Justice. Hurlé par le meneur et repris joyeusement par trois douzaines de voix, il n'inquiéta guère les employés des bijouteries voisines.

Animé et improvisé par une femme de cœur à la voix éraillée, le mouvement de protestation en forme de ras-le-bol eut néanmoins assez d'écho pour amener, dès le lendemain, le bâtonnier de Paris à lancer un ordre de grève accompagné d'un appel à manifester. C'était sans précédent. L'élu des avocats, leur représentant officiel auprès des pouvoirs publics, invitait ses confrères à cesser le travail et à défiler sous les fenêtres du Palais-Bourbon pour un motif qui n'était pas corporatiste.

Après cette bronca, la loi entra en vigueur le 10 mars 2004.

Deux dispositions ont attiré sur elles le gros des attaques.

Sous couvert d'armer la police contre les formes nouvelles de délinquance et de criminalité, la loi institue une procédure spéciale applicable à un ensemble d'infractions jugées plus graves et plus menaçantes. Le blanchiment et l'aide apportée au séjour irrégulier d'un étranger en France peuvent, non sans réserves, apparaître comme des délits nouveaux. On a toutefois du mal à comprendre ce qui a valu au vol, au meurtre, au proxénétisme et à la contrefaçon de monnaie, qui sont les plus vieux crimes du monde, d'entrer dans la catégorie des formes nouvelles de criminalité. En tout cas, s'ils sont le fait d'une bande organisée, tous les délits et les crimes auront droit à un traitement différent, très spécial mais pas du tout nouveau et encore moins original. À la demande du procureur de la République, la durée de la garde à vue des personnes soupçonnées d'être impliquées dans les faits soumis à l'enquête pourra être portée à trois et même à quatre jours. Nulle invention dans ce recours à la bonne vieille institution de la garde à vue, dont on s'est contenté d'étendre et de prolonger l'emprise. D'ailleurs, ce n'est pas l'extension à d'autres infractions des dispositions appliquées jusqu'alors au trafic des stupéfiants et au terrorisme qui a été critiquée, mais le risque de voir les enquêteurs s'abriter derrière la prétendue existence d'une bande organisée pour utiliser à tout bout de champ les facilités données par la garde à vue prolongée. Crier au loup est une tentation à laquelle il est difficile de céder si on ne s'expose à aucune sanction. Les policiers et les juges d'instruction savent qu'il y a beaucoup moins d'associations de malfaiteurs à voir qu'à craindre, mais si la crainte d'un péril imaginaire suffit à légaliser la longue garde à vue, qui se privera de le brandir ?

À ce premier grief s'en est ajouté un autre, dirigé contre l'institution du plaider-coupable, c'est-à-dire la partie la plus novatrice de la loi, du moins en apparence. Certains délinquants pourront désormais éviter de comparaître devant un tribunal en audience publique si, après avoir reconnu leur culpabilité, ils acceptent la peine que propose le procureur de la République. On comprend qu'une partie des magistrats n'apprécie guère une disposition les privant de ce rituel que certains appellent le « moment de justice ». Quoique l'audience ait perdu une partie de sa solennité, notamment dans les tribunaux de banlieue où le plaider-coupable sera le plus souvent utilisé, elle demeure en effet aux yeux de la plupart des juges et de beaucoup d'avocats une espèce de station illuminée où, dans un mélange de logique et d'irrationnel, la justice est rendue. Toute une théorie de l'audience s'est développée autour de l'idée que les parties, jouissant enfin de la plus grande liberté, s'y exprimaient pleinement sous le regard objectif des membres du tribunal, lesquels trouvaient dans les débats l'aliment d'une décision équilibrée adaptée aux faits ainsi qu'à la personnalité du prévenu. Selon cette théorie, le prévenu, même s'il est détenu et escorté d'hommes en armes, retrouve la pleine possession de son innocence présumée. Libre ou pas, il comparaît devant des juges qui examinent son cas sans préjugés et avec cette bienveillance nimbée de respect que l'innocence suscite dans son principe. Sa personnalité se donne à voir, physiquement et moralement. Il affronte le débat contradictoire à égalité avec ses adversaires. Tous les arguments sont examinés dans la clarté, et la triche n'est pas possible. Conscient de l'importance de son rôle, le tribunal est attentif et accueille avec la même curiosité scrupuleuse les thèses qui s'affrontent devant lui. Il les aborde sans idées préconçues et son jugement, tenant compte de tout, des explications mais aussi des silences, des cris mais aussi des chuchotements, des hésitations comme des flots de paroles, des gestes et même des regards, se forme là, à vif, assez près du volcan pour ressentir le bouillonnement de la vie et assez loin pour ne pas y sombrer.

Que des magistrats se soient insurgés contre l'escamotage de ces instants précieux ne surprend pas. On devrait même s'étonner qu'ils n'aient pas été plus nombreux à le faire. Et pour les avocats aussi, quelle perte ! Les voilà privés du plus beau, du plus glorieux des rôles. L'audience a été haletante ou terne, palpitante ou ennuyeuse, la salle est vide ou bien elle bruisse encore des émotions contenues d'un vaste public, le soleil tombe en rayons obliques sur le banc de la défense ou bien c'est un lumignon jaune qui éclaire l'étroit pupitre, on a froid ou on étouffe, on sent la sueur et la fatigue, mais la voix, cassée ou claire, tremblante ou assurée, aiguë ou grave, malhabile ou rusée, sort comme de nulle part et s'élève. Séduisante ou irritante, cette voix du dernier des hommes, du meilleur ou du pire d'entre eux, on l'attendait, on la désirait, on ne pouvait pas s'en passer. Rideau !

À la trappe les démonstrations, les objurgations les supplications, les malédictions et les génuflexions, plus de débat contradictoire, plus de lumière, plus de bruit, plus d'audience, à la trappe, c'est proposé, accepté, homologué, plié ! Direction le TIG, le bracelet, la prison ! Au lieu de chimie et d'alchimie, une offre à laisser ou à prendre. Et quelle offre ! Pas faite au hasard, pas du travail de camelot baragouiné sur le trottoir, pas d'esbroufe et surtout pas de chantage, pas du tout fait pour le tout-venant. Non du calibré, du sur mesure, du beau boulot !

Qui va refuser ? Le procureur, qui connaît les tarifs, offre un prix pas deux, celui qu'il a choisi, le meilleur, dit-il, il ne peut pas faire mieux, il ne discute pas, on n'est pas au souk. Et l'avocat ? Lui aussi, il connaît les tarifs mais pas le dossier. Il l'a feuilleté sur un coin de table pour préparer l'entretien avec la « personne ». C'est le nom que la loi donne désormais à celui qui est au seuil du labyrinthe pénal. Il n'est pas accusé, pas prévenu, pas mis en examen, pas même suspect. N'est-il pas tout cela à la fois mais en pointillé ? Pour l'instant, il n'est rien, et comme il lui fallait un nom dans le code, c'est avec la « personne » que dialogue l'avocat.

« Je n'ai rien à voir dans cette histoire, dit la personne.

— Le procureur est convaincu du contraire, dit l'avocat.

— Je n'ai rien fait, c'est une machination, dit la personne.

— Mais plusieurs témoins vous accusent, dit l'avocat. (Il donne les noms.)

— Ils ont menti.

— On a trouvé une lettre écrite par vous qui vous compromet. (Il fait un résumé détaillé de la lettre.)

— C'est un faux. »

L'avocat prend son souffle avant d'exposer la situation créée par la loi :

« Vous êtes considéré comme coupable par le procureur qui vous propose une peine de six mois d'emprisonnement alors que vous encourez une peine de cinq ans et que vous risquez effectivement d'être condamné à deux ans. Rien ne vous oblige à vous décider tout de suite. On va vous accorder un délai de dix jours. Vous irez vraisemblablement en prison. J'irai vous voir le plus tôt possible et je connaîtrai à fond votre dossier, mais si vous n'êtes pas capable de démontrer que la lettre est un faux et de faire venir à l'audience des témoins disant que les autres ont menti, vous serez condamné à une peine plus sévère que celle qui vous est offerte.

— Que me proposez-vous, maître ? », demande la personne à son avocat.

Le plus souvent, on le devine, l'audience n'aura pas lieu. C'est contre quoi s'est élevée à juste titre la petite troupe des manifestants de la place Vendôme. Mais ni cette minorité ni le groupe plus important de ceux qui les ont rejoints quelques jours plus tard n'ont pointé du doigt la cause principale de la faiblesse de l'avocat devant l'offre du procureur. Celui-ci a suivi pas à pas pour ainsi dire les développements de la garde à vue. Il est tout imprégné de l'opinion des enquêteurs dont il a contrôlé et orienté les recherches, et il partage leur conviction, tandis que l'avocat, tard venu, invité en voyeur, a fondé ses conseils sur les seuls éléments qu'on lui a permis d'entrevoir.

Dans bien des cas, l'audience va donc disparaître. Mais cette audience idéale dont on déplore l'escamotage est-elle l'audience réelle ? Elles n'ont en commun que le nom. L'audience idéale serait celle où le juge, découvrant la forme et le contenu des démonstrations qui s'affrontent devant lui, prenant connaissance des pièces et des témoignages dans l'ordre fourni par les parties, traitant à égalité les droits d'intervention et de parole de l'accusation et de la défense et mesurant le poids des arguments proposés par chacune d'entre elles avec un esprit vierge de tout *a priori*, donnerait par sa décision la victoire à la thèse dont la supériorité se serait imposée.

L'audience réelle n'est pas l'audience idéale

Si l'on veut savoir à quel point l'audience réelle est éloignée de cette description, il faut pousser l'une des doubles portes derrière lesquelles, dans chaque tribunal correctionnel, de Strasbourg à Brest et de Lille à Marseille, on rend la justice tous les jours.

Il n'est pas encore 9 heures, la salle d'audience est vide. Au fond de la pièce, une femme, les bras lourdement chargés, se glisse derrière l'immense bureau du tribunal et se débarrasse de son fardeau qu'elle dépose devant le fauteuil présidentiel. C'est la greffière et ce sont les dossiers du jour. Elle se retire, le silence règne encore quelques instants. Puis le garde, chargé à l'entrée de contrôler les citations des prévenus et des témoins, laisse la salle se remplir. Au pied du tribunal, l'huissier de la séance remplit les blancs de la feuille d'audience en inscrivant les noms des avocats présents. Le ou la procureur fait son entrée. La greffière a pris sa place. Tout le monde est là. On n'attend plus que le tribunal.

Les trois juges, annoncés par un coup de sonnette ou la voix de l'huissier, se présentent à la queue leu leu. Ils ont les mains vides. Les affaires, désignées par le nom des prévenus, sont appelées. Certaines sont retenues. S'il peut comporter une ou plusieurs liasses, chaque dossier forme un ensemble unique dont l'original passe de main en main et de greffe en greffe depuis celui du juge d'instruction jusqu'à celui de la Cour de cassation. Le dossier qui se trouve sous les yeux du président du tribunal porte un nom suivi d'une barre oblique et des initiales M. P. pour ministère public, untel contre ministère public. Tous les dossiers supportent cette même inscription et il n'y en a pas de meilleure pour définir en un éclair leur contenu. Le combat dont le dossier contient le récit est en effet celui d'un ou de plusieurs prévenus contre le ministère public. L'audience est l'une des étapes de ce combat.

Avant d'interroger les prévenus, le président va rappeler les faits qu'on leur reproche et énoncer leur qualification pénale. Parfois, pas toujours, il aura la loyauté de préciser qu'il s'agit de la version de l'accusation. Pour la première fois depuis le début de la procédure, toutes les parties sont réunies dans un même temps et dans un même lieu. Sachant qu'elle aura la possibilité de s'exprimer, directement ou par l'intermédiaire de son avocat, chacune d'entre elles s'est préparée le mieux possible pour faire comprendre et partager son point de vue. Chacune s'inquiète de savoir si elle saura se présenter sous un bon jour, attirer sur elle la bienveillance ou la sympathie et surtout définir sa position en termes précis et clairs. Chacune s'attend aussi à ce que le choc tant espéré et tant redouté des opinions contraires jette sur l'affaire une lumière nouvelle qui en facilitera la compréhension. Chacune, pressentant enfin que le résultat convoité devra être atteint par la parole, fait le pari que sa voix et ses intonations plaideront en faveur de sa sincérité. Cet ensemble d'espérances et d'appréhensions va buter et se briser sur la liasse de papiers que le président tient entre ses mains.

Bien qu'elle soit de la plus grande nécessité, la parole libre est, à l'audience pénale, sinon impossible du moins la chose la plus difficile. Le dossier en effet, cette liasse de papiers à laquelle le président ne cessera pas de se référer au cours de l'audition des témoins et de l'interrogatoire des prévenus, n'est pas un outil de travail servant à ouvrir un authentique débat. C'est l'édifice intouchable et réputé indestructible que la décision en préparation élèvera à la dignité de vérité judiciaire.

Le dossier l'écrase de tout son poids

Pourquoi le dossier pèse-t-il d'un poids écrasant sur l'audience au lieu de permettre à celle-ci d'explorer de nouvelles hypothèses ? Pourquoi l'objet de l'audience est-il de servir le dossier et non l'inverse ? La réponse à ces deux questions ouvre sur un abîme dont chacun essaie de détourner les yeux.

Lorsque le président du tribunal interroge le prévenu, il lui pose un ensemble de questions auxquelles celui-ci a déjà répondu. Le président sait donc par le dossier quelles ont été les réponses aux questions qu'il va formuler à son tour. Il ne les pose pas pour découvrir un aspect du dossier laissé dans l'ombre, mais pour obtenir une confirmation de ce qui a déjà été dit. S'il advient que la réponse donnée à l'audience diffère de celle donnée à l'instruction, le prévenu se voit aussitôt reprocher une « contradiction ». Si celui-ci s'obstine à défendre sa nouvelle version, il lui est alors demandé pourquoi il a attendu l'audience pour la présenter alors qu'il pouvait la soumettre au juge d'instruction, lequel disposait, lui, des moyens de la vérifier. Le prévenu n'a alors plus qu'à se taire. Ce qu'il fait.

Pourquoi procède-t-on ainsi ? Le président du tribunal part du principe que le juge d'instruction, dont l'enquête a été, selon l'expression consacrée, « longue et minutieuse », a ouvert et fermé « toutes les portes » après avoir suivi « toutes les pistes ».

Convaincu que ce principe a été effectivement respecté, le président n'a plus qu'à mettre en paroles audibles les mots écrits du dossier. L'audience apparaît alors, non pas du tout comme cette instance de la vérité dont les gens de justice se repaissent, mais comme une adaptation sonore d'un texte déjà écrit dont il est interdit de s'écarter, sous peine d'être accusé de mensonge ou de mauvaise foi. Cette répétition générale ne serait que superflue et donc inutile si le principe sur lequel elle s'appuie était vrai. Il n'en est rien. « J'instruis, dit le juge d'instruction, à charge et à décharge. » C'est faux, mais le plus terrible est que ce magistrat, proférant cette énormité, est de bonne foi.

Il oublie tout simplement de quelle façon le dossier qu'on lui a confié lors de l'ouverture de l'information a été conçu et fabriqué. Qu'y a-t-il en effet dans ce dossier ? Des procès-verbaux. Établis par la police, ils relatent des constatations et transcrivent des déclarations. Cet ensemble d'actes entre dans deux catégories selon qu'ils ont été ou pas signés par le prévenu. La plupart d'entre eux ne l'ont pas été car ils ont été accomplis sans sa participation et le plus souvent en dehors de sa présence. C'est le cas des auditions de témoins, des constatations matérielles, des perquisitions et des expertises.

Autrement dit, la partie dure du dossier, son socle, celle qui, revêtant une apparence de forte objectivité, servira de base au raisonnement et à la conviction des juges aura été fabriquée sans que l'accusé puisse présenter son propre point de vue et proposer une autre approche des faits que celle qui a, depuis le début, sous-tendu l'enquête. Combien de fois au cours d'une perquisition la police a-t-elle saisi des objets et des documents pouvant correspondre à une hypothèse maîtresse à l'époque de la saisie sans s'intéresser le moins du monde à ces autres objets et à ces autres documents qui en justifiaient la détention ou lui donnaient une portée dénuée de signification ? Un couteau isolé dans un tiroir ne signifie pas la même chose qu'un couteau prélevé dans une batterie d'instruments similaires. Une lettre détachée de celles qui l'ont précédée et suivie ainsi que de celles dont elle constituait la réponse donne souvent lieu à une interprétation erronée que la reconstitution exacte de son contexte aurait empêchée. Or les saisies et perquisitions ont lieu en dehors de tout contrôle de la part de la personne soupçonnée. Elle ne peut ni vérifier que la pièce saisie était dans l'état où elle sera décrite, une fois placée sous scellé, ni demander que d'autres pièces présentes sur les lieux de la perquisition soient saisies à titre de comparaison.

La police cherche un pull-over bleu. Elle le trouve chez le suspect. Il importe à celui-ci de prouver qu'il détenait dans ses tiroirs un pull-over gris, un rouge et un jaune, car il porte souvent le gris et le jaune et presque jamais le bleu, ce dont son entourage pourra témoigner. Les enquêteurs, eux, n'ont aucune raison de saisir ces éléments de comparaison puisqu'ils ont trouvé le pull-over bleu qu'ils recherchaient. La saisie des trois autres pull-overs n'aura donc pas lieu et lorsque le prévenu évoquera leur existence devant le juge d'instruction, celui-ci aura raison de faire observer qu'il est trop tard pour s'assurer que ces vêtements étaient bien dans ses tiroirs au moment de la perquisition et que leur présence, aujourd'hui à son domicile, pourrait s'expliquer par l'intervention d'une main complaisante.

Le traitement des déclarations des témoins ne vaut pas mieux. Ceux-ci sont entendus par les enquêteurs dans un tête-à-tête qui rendra à jamais impossible la certitude que leurs explications ont été recueillies fidèlement. L'authenticité de la transcription n'est pas du tout une question théorique. Le procès-verbal, en effet, ne restitue pas les paroles telles qu'elles ont été dites mais constitue un résumé plus ou moins exact de ce que la personne entendue a voulu dire. Même si ce procès-verbal pouvait être tenu pour un bon résumé, il n'en serait pas moins mensonger puisque c'est le détail qui fait vivre le tout et l'omission d'une nuance peut altérer irrémédiablement la signification du propos. Les témoins, d'autre part, n'aborderont dans leurs déclarations que les sujets faisant l'objet de questions de la part des enquêteurs. S'ils ont quelque chose à dire spontanément, ils auront bien du mal à le faire. Quant au suspect, mis en cause tout au long de leurs déclarations, il ne pourra tout bonnement pas poser la ou les questions susceptibles de faire apparaître la fausseté ou la faiblesse des témoignages. Les constatations matérielles et les premières déclarations des témoins sont les fondations sur lesquelles le dossier est construit. Si elles étaient coulées dans du béton, elles ne seraient pas plus indestructibles. Toujours, durant toute la phase de la procédure, depuis la mise en examen jusqu'à la condamnation définitive, les juges se référeront à elles pour assurer leurs raisonnements et justifier leurs conclusions. Il ne sera tenu aucun compte du fait que ces constatations ont été faites et que ces témoins ont été entendus en secret, sans surveillance, sans contrôle et en dehors de tout débat contradictoire.

Et la confrontation ? N'est-elle pas le moyen le plus fiable et le plus authentique de faire jaillir la lumière en mettant face à face l'accusateur et l'accusé ? À cet instant d'humanité nue, les regards et les corps ne vont-ils pas se trahir sous l'œil implacable et serein de l'enquêteur ? Si elle est l'acte d'instruction qui excite le plus l'imagination, la confrontation n'en est pas moins une imposture car elle est pratiquée d'une telle façon que les positions prises par les parties en présence dans leurs déclarations antérieures ne peuvent être que réaffirmées sans aucun changement. L'enquêteur, en effet, ne permet pas à la personne soupçonnée de formuler elle-même les questions qui lui paraissent pertinentes. La confrontation est une formalité au cours de laquelle les dires de l'accusateur sont lus en sa présence à l'accusé qui ne peut y répondre que par des dénégations puisque la possibilité de détruire, par ses questions ou par les vérifications qu'il pourrait solliciter, la thèse adverse lui est refusée. Ce n'est donc qu'une redite dénuée de signification, mais, en dépit de son inconsistance, elle sera systématiquement évoquée dans les phases ultérieures de la procédure comme un élément de renforcement et de confortation des premiers indices. Feignant de croire que la confrontation était de nature à ébranler l'accusateur alors qu'il n'en est rien, on se plaira à souligner que le plaignant a formulé ses accusations dès sa première déclaration et les a maintenues au cours de la confrontation.

Comparer les bases du dossier pénal aux fondations d'un immeuble faites de béton armé est une métaphore acceptable, mais si l'on veut prendre conscience de l'effort à fournir par la défense du prévenu pour modifier en sa faveur le cours de l'enquête, c'est l'image du lit de la rivière qui s'impose d'elle-même. Dans la première phase de la procédure, les enquêteurs ont creusé un lit profond dont le cours a été dessiné par eux de manière arbitraire. Après eux, les travailleurs de justice vont ouvrir les vannes d'une eau qui va s'engouffrer dans le lit préparé pour elle. Il suffira de régler le débit en fonction de la profondeur du lit pour offrir à la vue et aux sens une rivière harmonieuse et paisible. Les juges qui se succèdent peuvent modifier le débit de la rivière ou même l'assécher mais ils n'en changent pas le cours. Qu'ils ne soient pas malveillants importe peu car, devant la profondeur du trou et la nécessité de prendre la pelle et le râteau pour dévier le courant liquide, il leur faudrait une raison objective de soupçonner les enquêteurs de partialité. Et, cette raison, ils ne l'ont pas. S'ils l'avaient, ils commenceraient par la repousser de toute la force de leur croyance dans la fiabilité de l'institution à laquelle ils participent.

Bien entendu, il arrive, très exceptionnellement, que l'accumulation des obstacles, les erreurs procédurales, les méprises manifestes, le revirement du plaignant, les qualifications erronées amènent le juge d'instruction à clore son information par un non-lieu. Il arrive aussi, de manière encore plus exceptionnelle, que, pour des raisons similaires, le tribunal prononce une relaxe. Si la quantité d'efforts déployés par le prévenu pour obtenir ce résultat hors normes est disproportionnée, c'est d'abord parce que l'enquête s'est orientée dans une direction qu'il n'a pu combattre à son début et c'est ensuite parce que les armes dont il dispose sont sans force contre celles de l'accusation. D'un côté, c'est une lame d'acier, de l'autre, un bâton.

L'audience est donc ouverte, mais le principe d'oralité est, sous la forme d'une pantomime, un leurre. Les paroles échangées ne sont pas écoutées pour ce qu'elles disent ou signifient mais en considération de ce qu'elles reproduisent ou pas. Les sujets abordés dans le débat oral ayant donné lieu à des déclarations antérieures ainsi qu'à un ensemble de constatations et de vérifications réunies dans le dossier, les discours sont aussitôt rapportés à ces éléments avant d'être comparés et analysés selon le niveau de concordance atteint. On s'intéresse peu à ce qui est dit mais beaucoup, et même surtout, à ce qui n'est que répété. Pourtant, l'accusé s'exprime pour la première fois par lui-même. Jusqu'alors, ses paroles, résumées et déformées, n'étaient connues qu'à travers un prisme déformant. Désormais, c'est lui qui parle. Il n'y a plus d'écran entre lui et ses auditeurs. Ce n'est pas facile, car les questions se succèdent vite et il n'a pas beaucoup de temps pour réfléchir. S'il hésitait, s'il réfléchissait, le juge ne manquerait d'ailleurs pas de lui dire qu'on n'a pas besoin de réfléchir quand on dit la vérité. S'il s'écarte un tant soit peu de ce qui a été écrit, le reproche de varier dans ses explications, de se contredire, de mentir, dégringole aussitôt. Ce reproche n'est adressé qu'à lui. Si le plaignant varie, tout le monde trouve au contraire que c'est normal. Le contraire serait beaucoup plus étonnant car, observe-t-on, ces variations sont de peu d'importance et elles sont plutôt un gage d'authenticité.

Illusions de l'expertise

Dès que le président se reporte au travail des experts, la situation du prévenu devient encore plus difficile. Les conclusions de l'expert le plus incompétent ont forcément plus de valeur aux yeux du tribunal que les critiques de la défense car un technicien réputé objectif n'a pas de raisons de chercher à tromper le juge. Soit. On ne soutiendra pas pour autant que l'expert est à l'abri de l'erreur. Or, en matière pénale, le risque encouru par le technicien d'aboutir à des conclusions orientées ou erronées est tout simplement énorme. C'est vrai dans les disciplines non scientifiques qui jouent pourtant un rôle majeur dans l'application de la loi pénale (psychologie, psychiatrie, comptabilité, graphologie, etc.), mais c'est également vrai dans le domaine des sciences expérimentales (biologie, génétique, balistique, etc.). Dans le cas des premières, il n'est guère nécessaire de s'attarder sur les dangers d'appréciations invérifiables qui subissent l'influence de l'opinion publique ainsi que de telle ou telle doctrine à la mode. Pour n'en prendre qu'un seul exemple, y a-t-il, dans le climat d'hystérie ambiant qui entoure les crimes sexuels, un seul expert psychiatre capable d'affirmer qu'un condamné pour pédophilie ne présente pas un risque élevé de récidive ?

Dans le cas des secondes, la valeur de la conclusion dépend des précautions prises dans l'application de la méthode. La rigueur doit être la même au cours de chacune des phases et s'exercer à l'égard des prélèvements, des outils et des appareils de mesure. La place désormais occupée par la génétique dans la formation de la preuve judiciaire rend ce rappel encore plus nécessaire.

Or, qu'il s'agisse des unes ou des autres, la procédure pénale aujourd'hui en vigueur ne soumet l'expertise à aucun contrôle véritable. L'accusé a cependant la possibilité de demander après coup, sans être sûr de l'obtenir, à l'expert désigné de compléter son travail ou encore que soit désigné un nouvel expert. Dans le meilleur des cas, cela aboutira à une querelle sans issue. Seul pourrait prétendre à l'efficacité un contrôle qui serait exercé par l'accusé lui-même pendant les opérations d'expertise auxquelles il assisterait ou se ferait représenter par un spécialiste choisi par lui. Étant de même niveau et revêtu de la même autorité que celui désigné par le juge, il déposerait un rapport de ses observations.

Aujourd'hui, l'expert, qu'il soit comptable, graphologue, généticien ou psychiatre, en l'absence de l'accusé ou de son représentant, se fait remettre les pièces à examiner, prend connaissance du dossier et a des entretiens avec les enquêteurs ou le juge d'instruction. Il est donc instruit par eux des orientations et des buts de l'enquête. Travaillant régulièrement avec eux, il subirait encore leur influence s'il avait un caractère trempé dans l'acier.

L'idéal d'objectivité est loin, et plus l'affaire est grave, plus il s'éloigne. Aucun psychiatre ne pourra sérieusement soutenir qu'il observe de la même manière et dans le même état d'esprit un homme accusé du meurtre de sa maîtresse et cet autre accusé d'assassinats en série précédés de viols. Dans le premier cas, l'expert exercera son jugement dans une relative liberté tandis que, dans le second, il le fera dans une totale dépendance. Dans le premier cas, il ne reculera pas devant un diagnostic de troubles mentaux entraînant l'irresponsabilité pénale mais, dans le second, il fera tous ses efforts pour livrer l'accusé au juge et à l'opinion.

Personne, parmi ceux qui approchent l'accusé du crime, n'est indifférent aux cris de la foule réclamant la vengeance. Résister à cette menace quand on peut se voir reprocher de la complaisance n'est pas facile. Dans quel tréfonds de sa conscience, l'expert ira-t-il puiser la force de se mettre en travers de la marche vertueuse des agents du bien ? Il y sera d'autant moins enclin qu'il aura, dès le début de l'information, partagé les convictions mêlées d'effroi des enquêteurs. Comme eux, il se sera investi d'une mission qu'il trahirait si son savoir médical permettait au criminel d'échapper au châtiment. Celui-ci, confiant ou méfiant, a, sans défense, offert ses gestes et ses paroles au travail d'interprétation du médecin dont l'opinion s'est formée sans critique ni contrepoids.

Si l'avis requis du technicien porte sur une question matérielle, l'absence de contradiction lors de l'élaboration du rapport aura les mêmes graves conséquences. Les taches brunâtres visibles sur cette bûche sont-elles du sang humain ? Comment la bûche est-elle passée de la scène du crime dans les mains de l'expert ? Combien y a-t-il eu de prélèvements ? Comment ceux-ci ont-ils été effectués ? L'expert a-t-il respecté les précautions de sa méthode ? Le dosage des matières chimiques a-t-il été bon ? Quand, à l'audience, ces questions seront posées, il sera trop tard car l'expérience ne pourra pas être renouvelée. À l'audience, les jeux sont faits et la possibilité d'une relaxe ne change pas la règle. C'est au point qu'un tel revirement est généralement commenté comme un échec de l'institution judiciaire. N'a-t-on pas entendu rabâcher naguère que la mise hors de cause par le tribunal de tel ou tel mis en examen notoire était un désaveu du juge d'instruction et de sa démarche aventureuse ? Songerait-on à formuler pareille critique si l'audience, au lieu d'être appelée à consacrer l'enquête, était décisive ?

La comédie du procès

Étape la plus visible d'un long processus dont elle n'est que le but final, l'audience parachève ce qui a commencé il y a bien longtemps. L'accusé s'y présente KO tandis que son avocat soigneur lui glisse à l'oreille : « Relève-toi si tu peux. Il y a encore des coups à prendre. » S'il a cette force, le jeu de massacre commence. Il n'y a pas de boîtes de conserve ni de balles de chiffon pour l'atteindre, et on ne s'amuse guère, mais celui qui a fait l'expérience se souviendra toute sa vie d'avoir joué un rôle passif dans un exercice violent où sa personne, devenue une cible, était méconnaissable. N'avait-il pas un avocat pour l'assister, pour interroger les témoins et les experts et pour riposter au procureur ? Si, et même il se rappelle que son avocat était très actif et connaissait fort bien le dossier. Mais, c'est étrange, il est aujourd'hui incapable de se remémorer une seule de ses multiples interventions. Sur le coup, il avait beaucoup admiré son excellente plaidoirie, mais pas un mot n'est resté dans sa mémoire alors qu'il se souvient de toutes les paroles du président et d'une grande partie de celles du procureur.

Tout au début, juste après l'interrogatoire d'identité, le président lui a lancé une phrase qui l'a laissé sans voix : « Reconnaissez-vous les faits ? » Cette phrase toute simple lui était apparue tellement bizarre qu'il avait failli répondre oui alors qu'il n'avait pas cessé, depuis le début de l'affaire, de nier ce qu'on lui reprochait. Si le président lui avait demandé s'il reconnaissait la salle d'audience alors qu'il ne l'avait jamais vue, il n'aurait pas hésité, mais les faits, ceux qu'on lui rabâchait depuis tant de mois, oui, il les connaissait. Heureusement, il s'était repris à temps et, sans trop bafouiller, il avait dit que non, qu'il ne reconnaissait pas les faits. Tout de suite après, le président lui avait fait observer qu'il pouvait s'asseoir pendant la lecture du rapport. Un assesseur avait alors pris la parole et s'était lancé dans un monologue émaillé de dates et de noms. Au bout d'un long moment, son nom à lui avait été prononcé et, ensuite, il revenait tout le temps comme si tous les autres s'étaient volatilisés devant le sien. Cet exposé reprenait presque mot à mot le procès-verbal de synthèse du policier qui avait mené l'enquête.

Du moins, c'est ce qu'il avait pensé jusqu'à ce que son avocat, s'étant penché vers lui, lui ait soufflé que l'assesseur lisait le réquisitoire du procureur. En tout cas, cet exposé lui était familier. On y retrouvait un résumé des constatations matérielles, une description des principales étapes de l'enquête suivie d'un rappel des déclarations des témoins et, enfin, la phrase entendue tant de fois, celle qui contenait son nom et qu'il pouvait reproduire sans difficulté : « En dépit de ces constatations et des multiples témoignages recueillis, X persistait à nier toute participation à ces faits. »

Le président fit signe à l'huissier d'aller chercher le premier témoin. Le prévenu le connaissait puisque les deux hommes s'étaient rencontrés dans les locaux de la police ainsi que dans le cabinet du juge d'instruction. « Êtes-vous formel ? », interrogea le président. Ce témoin reconnut formellement le prévenu. Pas plus que lors des deux précédentes confrontations, il n'avait le moindre doute. Le second témoin, lui, ne se souvenait de rien. Pourtant, il n'avait pas été moins formel que le premier.

« Dans vos déclarations à la police, observe le président, vous aviez identifié le prévenu sans hésitation. »

Le second témoin se taisait. Le président reformula sa question et y ajouta :

« Alors, qu'avez-vous à dire ?

— On m'a un peu poussé.

— On vous a un peu poussé ? (Le président avait changé de ton.) Mais, attendez, attendez, je vais reprendre vos déclarations. »

Le président farfouillait dans le dossier.

Debout, le témoin, les mains posées sur la barre, ne bougeait pas.

« Approchez-vous, lui enjoignit le magistrat. Ça, vous l'avez signé. C'est votre signature ?

— Oui.

— Vous avez été frappé ? On vous a obligé à signer ?

— Non.

— Retournez à la barre, je vais vous relire vos déclarations. »

Le procès-verbal signé par le second témoin était clair. Le président lisait : « J'étais devant ma porte quand j'ai vu passer une voiture en trombe, heurter le trottoir et s'encastrer dans la vitrine du marchand de couleurs. Aussitôt après, un homme, le visage ensanglanté, est sorti de la voiture côté chauffeur. Je pourrais le reconnaître car j'étais à moins de cinq mètres de lui. »

« On vous a poussé pour dire ça ?
— Non. »

Le président poursuivait :

« On vous a mis en présence d'un groupe d'hommes portant des numéros. Vous avez reconnu sans hésiter le prévenu. On vous a poussé pour ça ?
— Il y avait quatre hommes. J'en avais croisé trois dans les couloirs qui ne pouvaient être que des policiers. J'ai reconnu celui que je n'avais pas vu.
— Et aujourd'hui vous le reconnaissez ?
— Non.
— Vous avez donc fait une fausse déclaration !
— Non, les policiers m'avaient dit qu'ils avaient mis la main sur l'agresseur. Je les ai crus.
— Et aujourd'hui, vous ne les croyez plus ?
— Aujourd'hui, je dis ce qui est.
— Le tribunal appréciera », conclut le président.

L'huissier fit entrer l'expert. Le laboratoire auquel il appartenait avait comparé le sang trouvé dans la voiture accidentée avec le sang du prévenu. C'était le même groupe. Mais, d'après l'expert, la quantité de matière recueillie dans la voiture était insuffisante pour affirmer l'identité des sangs. On ne pouvait conclure ni dans un sens ni dans l'autre.

Le président reprit l'interrogatoire du prévenu. Il était accusé d'un vol dans un magasin de bijoux dont la vitrine était brisée. Le voleur, selon le bijoutier, s'était enfui dans la voiture accidentée. Après l'accident, le conducteur s'était échappé. La police avait arrêté le lendemain un homme au passé judiciaire chargé qui présentait une blessure récente au front.

« Comment vous êtes-vous blessé ?

— Dans une bagarre.

— Avec qui ?

— Je ne sais pas.

— Vous ne savez pas, mais vous voulez qu'on vous croie ?

— C'est la vérité.

— Où étiez-vous le jour des faits ?

— Chez ma maîtresse.

— Chez votre maîtresse ? Tiens donc. C'est la première fois qu'on vous entend parler de votre maîtresse. Je vais, ajoute le magistrat, vous relire votre déclaration à la police quand cette question vous a été posée par les enquêteurs. »

Le président lit : « J'étais chez moi ct je n'ai pas bougé de toute la journée. »

Le président interroge :

« Pourquoi n'avoir pas dit que vous étiez avec votre maîtresse ?

— Je ne voulais pas que les policiers aillent l'ennuyer.

— Et pourquoi n'en avez-vous rien dit au juge d'instruction ?

— J'en ai parlé à mon avocat. Il m'a demandé son adresse, mais comme celle-ci m'avait quitté entretemps je ne la savais pas, alors mon avocat m'a dit que ça ne servirait à rien d'en faire état, que c'était trop tard. »

Les débats étaient terminés.

Le procureur a demandé au tribunal de prononcer une condamnation sévère pour tenir compte des antécédents du prévenu. L'avocat a dit que le témoignage d'un seul témoin n'était pas suffisant, que l'expertise ne prouvait rien et qu'il n'y avait aucune raison de mettre en doute la parole de monsieur X quand il affirmait qu'il n'avait pas bougé de chez lui. Le tribunal a délibéré pendant presque une heure. Il a déclaré monsieur X coupable et l'a condamné à deux ans d'emprisonnement, dont un avec sursis.

Monsieur X a-t-il été jugé légalement ? C'est certain.

Était-il coupable ? C'est possible.

A-t-il eu droit à un procès équitable ? Sûrement pas.

Plus l'enjeu est important, plus l'infraction commise est réputée grave, plus la peine encourue est lourde et plus l'accusé est malmené. Devant la cour d'assises, où le travail de l'avocat est cependant plus facile que devant le tribunal correctionnel (il a tout son temps, on l'écoute davantage), les chances de l'emporter sont plus faibles, la difficulté de s'exprimer est accrue et l'humiliation subie est encore plus cuisante.

Pourtant, les apparences donnent une autre impression. Les trois magistrats professionnels ne sont-ils pas assistés par des jurés tirés au sort qui ne savent rien du dossier avant d'en prendre connaissance à l'audience ? Les deux assesseurs n'ayant pas eu non plus accès au dossier, les faits ne sont-ils pas débattus en pleine lumière sous les feux croisés de toutes les parties en présence ? L'avocat général, la partie civile et son avocat, l'accusé et son avocat ne sont-ils pas placés sur un total pied d'égalité ? N'ont-ils pas, dans des conditions identiques, le droit de se poser réciproquement des questions et d'interroger les témoins et les experts ? La conviction des jurés dont le vote est décisif puisqu'ils ont la majorité ne se forme-t-elle pas sous les yeux du public en considération seulement des éléments matériels produits, des témoignages entendus et des arguments développés ?

Ces impressions sont trompeuses. Tout cela est en partie vrai, mais ce rappel du principe de l'oralité des débats auquel tant de magistrats et d'avocats se sont déclarés attachés ne peut pas faire oublier que l'ordre et la direction de ces débats appartiennent à un magistrat, le président, qui, non seulement, connaît le dossier mais s'en sert à chaque instant pour évaluer et contrôler les événements qui se produisent à l'audience.

Et les témoins ?

Voici un témoin.

À la police et à l'instruction, il a fait des dépositions accablantes pour l'accusé, lequel le voit pour la première fois. Pour la première fois depuis les faits, l'accusé et son avocat vont pouvoir lui poser toutes les questions qu'ils veulent. Avant d'être interrogé par eux, ce témoin fait ce que le Code de procédure pénale appelle une « déclaration spontanée ». Le président lui ayant demandé de dire ce qu'il savait, il a exposé ses souvenirs de façon plus ou moins complète et cohérente selon ses facultés, son niveau de préparation et aussi d'implication dans l'affaire. Après cette entrée en matière, le premier à l'interroger est le président. Le directeur de l'audience commence alors un interrogatoire dont le but consiste à faire répéter par le témoin ce qu'il a dit à la police et au juge d'instruction. Certains magistrats vont jusqu'à relire l'intégralité de ses déclarations. D'autres, plus actifs parce que plus intéressés par l'affaire, posent une question portant sur un point que le témoin n'a pas abordé spontanément et confrontent sa réponse avec celle qu'il a donnée précédemment.

Lorsqu'une variation surgit, ce qui est à la fois inévitable et fréquent, le rôle du magistrat prend encore plus d'importance. Il peut en effet la gommer purement et simplement en proposant au témoin une interprétation que celui-ci, content d'échapper à une situation susceptible de devenir embarrassante, s'empressera d'accepter. Il peut au contraire, en l'amplifiant, mettre le témoin en difficulté. De cette façon, le président se comporte non pas du tout comme un arbitre mais comme un acteur majeur du procès. Après ce premier interrogatoire, le témoin, renforcé ou affaibli selon l'option adoptée par le juge, n'a plus grand-chose à dire. Il est comme vidé de sa substance, mais, surtout, il se trouve enfermé dans l'enclos de ses précédentes déclarations. Désormais, il est sous la surveillance du magistrat qui, tel un chien de garde, veillera, durant son interrogatoire par les autres parties, à ce qu'il n'en sorte pas.

Ce témoin, justement, intéresse la défense de l'accusé car celui-ci estime que, sur un point essentiel, son témoignage n'a pas été recueilli. Il se trouve que ce témoin accablant était, au moment de sa première déposition à la police, soupçonné d'avoir commis un crime qui pouvait l'amener lui aussi devant une cour d'assises. L'accusé est persuadé que les enquêteurs se sont servis de cette menace pour orienter le témoignage dans la direction qu'ils souhaitaient. En tout cas, il a de bonnes raisons de penser à une interférence possible car le dossier démontre que l'homme était recherché lors de son audition.

C'est au tour de l'avocat de l'accusé de poser des questions.

« Avez-vous déjà été condamné ?

— Oui.

— Pour quel genre d'affaire ? »

Le témoin interroge le président d'un signe de tête. Doit-il répondre à la question ? Le président acquiesce.

« Pour des hold-up.

— Au moment où la police vous a interrogé dans cette affaire, étiez-vous recherché pour un hold-up ?

— Je ne sais pas.

— N'aviez-vous pas été mis en cause dans un hold-up attribué au gang des postiches ?

— Je ne m'en souviens pas. »

L'avocat montre au témoin une page de journal avec sa photo au milieu.

« Reconnaissez-vous cette photo ?

— Oui, c'est moi.

— Sachant, poursuit l'avocat, que cette photographie a été publiée pour illustrer un article vous associant à ce hold-up et sachant que vous avez été interrogé dans la présente affaire le lendemain de cette publication, maintenez-vous que les enquêteurs ne vous ont pas parlé de soupçons contre vous ?

— Je le maintiens.

— Par conséquent, vous prétendez qu'à aucun moment il n'a été fait allusion par la police à votre éventuelle participation à ce hold-up ?

— Je l'affirme. »

À ce moment-là, l'accusé intervient.

« Il ment », lance-t-il.

Aussitôt le président s'interpose.

« Taisez-vous, vous n'avez pas la parole. Laissez votre avocat poser ses questions.

— Mais, monsieur le Président, il ment, je peux le prouver. Moi aussi, j'étais soupçonné dans ce hold-up et les enquêteurs m'ont dit que j'avais fait le coup avec lui. S'ils me l'ont dit, ils le lui ont forcément dit aussi. »

Le président lui fait alors remarquer que cela n'apparaît nulle part dans le dossier.

« Pourquoi, demande le président, qui reprend le contrôle de l'audience au moment où le témoin était en difficulté, n'avez-vous pas dit tout cela au juge d'instruction ?

— À plusieurs reprises, j'ai supplié le juge d'instruction de me confronter avec le témoin. Chaque fois il a refusé. »

Prédéterminé et comme corseté par le contenu de l'enquête, le débat sur les faits est-il au moins équilibré par l'examen de la personnalité de l'accusé ? En tout cas, les juges aiment à le souligner. « Nous jugeons des faits disent-ils, mais nous jugeons aussi des hommes. » La loi prévoit en effet qu'en matière criminelle, l'accusé fait l'objet d'une enquête de personnalité, d'un examen psychiatrique et d'un examen médico-psychologique. Pour compléter cet ensemble d'informations, le juge d'instruction fait interroger par la police les témoins qui ont jalonné son existence. Parents, enseignants, employeurs, amis, collègues, subordonnés, concurrents, ils n'ont pas toujours des souvenirs précis mais le lien qui a existé, même s'il est ténu, a un caractère personnel. Plus ce lien est fort, on le comprendra aisément, plus le témoignage est influençable. Les conditions dans lesquelles ces témoins sont interrogés sont donc importantes car ils savent que leur opinion est demandée dans le cadre d'une enquête criminelle. Ils peuvent être favorables à l'accusé ou, au contraire, avoir de bonnes raisons de lui nuire, mais, dans tous les cas, ils sont troublés de savoir que leur témoignage sera utilisé en justice à propos d'une personne dont la mise en cause ne les laisse pas indifférents. De leur côté, les enquêteurs, qui ne cachent pas que leur enquête porte sur un crime, se présentent devant ces témoins de personnalité avec une opinion sinon arrêtée du moins bien formée sur les faits ainsi que sur le rôle qu'a pu y jouer la personne dont ils reconstituent les étapes de la vie.

Il y a donc bien des précautions à prendre pour obtenir de la part de ces témoins éminemment influençables une attestation tant soit peu objective. Comment évitera-t-on que le choix, la formulation et la transcription des questions ne soient décidés et influencés par les préjugés de l'enquêteur et la disposition morale du témoin à l'égard de l'accusé ?

Or non seulement cette phase de l'enquête se déroule en dehors de sa présence et de celle de son défenseur, mais le procès-verbal de l'audition n'est pas un écho fidèle de ce qui a été demandé et de ce qui a été répondu. Qu'en résulte-t-il ? Les témoins de moralité disent rarement ce qu'ils pensent. Ils taisent une partie de ce qui pourrait être favorable à l'accusé pour éviter un éventuel soupçon de complicité et, s'ils ont une dent contre lui, l'incident, amplifié par la direction de l'enquête, prendra des proportions surréalistes.

Généralement, le président de la cour d'assises ouvre les débats avec l'examen de personnalité en résumant les déclarations recueillies, concassées plutôt, dans les conditions qu'on vient de voir. Parfois, il arrive que ce traitement laisse un peu de bon à dire, mais c'est rare. Le plus souvent, l'accusé sort de là avec un portrait à peu près aussi noir et repoussant que les faits qu'on lui reproche. C'est le début d'une glissade qui ne prendra fin qu'avec l'arrêt de condamnation. Pourquoi le juge, même entiché d'impartialité, attache-t-il plus d'importance aux mauvais qu'aux bons témoignages ? La première raison, tout objective celle-là, est que les témoignages négatifs, plus faciles à obtenir ainsi qu'on l'a vu, sont plus nombreux. Une autre raison vient à la rescousse. Si l'ensemble des témoignages apporte un éclairage intéressant, l'analyse des mauvais a occupé, au cours de l'instruction (encore elle), davantage de place puisque, renforçant la thèse proposée à la juridiction de jugement, ils ont gagné sur les autres en pertinence et en valeur.

Un théâtre de la cruauté

Ainsi préparée et scénarisée à l'avance, l'audience n'est pas le lieu où les moins et les plus s'équilibrent. Elle n'est pas non plus une pièce blanche prête à recevoir la pure essence des opinions également respectables de chacune des parties.

En l'état d'une procédure préalable qui la contient et lui impose sa direction, la décrire comme le sanctuaire inviolable d'une justice qui se voudrait impartiale est d'une grande rouerie ou d'une grande naïveté. Si, néanmoins, l'audience mérite d'être prise en considération, c'est qu'elle remplit un rôle bien réel, quoique très éloigné des objectifs qu'on lui fixe.

Elle sert à donner un corps au crime, à en faire une chose visible et descriptible. Toutes les audiences ne sont pas également bonnes à cet usage mais toutes s'y prêtent. Sous le regard d'un faux arbitre, la discussion des charges, souvent réduite à un jeu de rôles entre une accusation confiante dans le résultat et une défense lancée dans un baroud d'honneur, livre un accusé en difficulté à une exhibition publique. La scène criminelle n'est pas à proprement parler rejouée ni reconstituée. Elle est plutôt, sous la conduite d'un guide implacable, revisitée à travers une foule de détails et de morceaux épars que l'accusé est sommé de reconnaître et d'ingurgiter. À ce stade, ses aveux ou ses excuses intéressent peu. On n'espère pas non plus qu'il délivrera un récit complet, cohérent et détaillé des actes accomplis par lui. En revanche, on veut l'entendre dire, avec sa propre voix, fût-elle réduite à un susurrement, à un hoquet ou à un sanglot, que, oui, c'est bien lui qui a accompli ce geste révoltant et atroce dont le rappel, longtemps après, suscite contre lui une réprobation silencieuse et unanime. Nul ne s'offusque de ce spectacle ni même ne paraît voir à quel point c'est un rituel étrange.

Si on s'interrogeait sur les raisons de cet étalage dégoûtant, on aurait bien du mal à lui trouver une utilité, mais il n'est pas nécessaire de s'interroger puisque cela s'est toujours fait. Avec des variantes dans la mise en scène, on retrouve à toutes les époques un irrésistible attrait pour la démonstration de notre capacité humaine à détruire irrémédiablement, méchamment et salement ce qui est vivant et qui souffre. La plupart du temps, ce spectacle nous est offert sous la forme d'une fiction plus ou moins réaliste ou encore à travers des carnages festifs (hier les esclaves du cirque, aujourd'hui les animaux) et la guerre. Moins alléchante qu'une œuvre d'art mais plus facile d'accès que la guerre, l'audience criminelle présente un avantage qui la distingue de tous les autres théâtres de la cruauté. C'est l'unique endroit où l'on peut repaître sa curiosité en la justifiant par un prétexte légitime puisque l'auteur de ce mal crûment dévoilé est là pour être condamné. C'est pourquoi on ne se contente pas de montrer au ralenti et sans pudeur ce qui est, ailleurs, suggéré ou entrevu. On exige aussi que l'accusé, ramené de force sur la scène du crime et sommé, à son corps défendant, de s'y vautrer à nouveau, prouve son aptitude à enfanter le mal.

Une récente évolution a introduit un autre prétexte méritant d'être, lui aussi, observé : les droits de la victime. Celle-ci, entend-on dire, a un besoin vital à satisfaire. Après les ravages causés par l'infraction, elle ne pourra, elle ou ses ayants droit, retrouver une vie normale que si la personne soupçonnée du crime reconstitue à son usage exclusif chaque étape du douloureux et répugnant parcours. Ceux qui, néanmoins, sont attachés à ce rituel peuvent se rassurer. La sacrosainte audience ne disparaîtra pas.

Garde à vue

La loi qui a introduit le plaider-coupable a été attaquée pour une autre raison mais, là encore, les critiques se sont trompées de cible. Que la garde à vue puisse se prolonger pendant quatre jours dans un grand nombre de cas a de quoi inquiéter, mais ce n'est pas la prolongation qui est mauvaise, c'est la garde à vue elle-même. Il y a des évidences qu'on ne voit pas. Nous accomplissons quantité de choses sans savoir pourquoi simplement parce que nous les avons toujours faites. Elles sont tellement entrées dans nos habitudes que nous croyons ne pas pouvoir vivre sans. Ignorant qu'elles ont eu un commencement, nous n'imaginons pas qu'elles pourraient avoir une fin. Garder à vue, c'est-à-dire avoir à l'œil, s'applique à l'origine à la surveillance des prisonniers dont on observe tous les faits et gestes. L'expression a ensuite été utilisée pour désigner la période qui sépare l'arrestation et la présentation du suspect à un magistrat. Elle devait être aussi brève que possible et ne pas dépasser vingt-quatre heures. C'était une mesure de rétention que n'accompagnait aucun acte d'instruction.

Elle a changé de contenu et de visage en 1897. La loi, à cette date, a entrouvert la porte des cabinets d'instruction. Désormais, les avocats, à condition de ne pas broncher et de ne pas poser de questions, pouvaient assister aux interrogatoires des inculpés dont ils assuraient la défense. Aussitôt, le ministère public et la police allumèrent des contre-feux. On se mit à interroger les suspects et les témoins au cours de la garde à vue. Parfaitement illégale, cette pratique a d'abord été tolérée pendant près d'un siècle puis légalisée en 1958. Si on n'examine pas d'un peu plus près cette histoire, on ne peut comprendre les enjeux de la procédure criminelle. Régulièrement, les gens de justice se plaignent de changements législatifs incessants rendant les textes illisibles. Il est vrai que ces dernières années le Code de procédure pénale, modifié à de très nombreuses reprises au gré des majorités successives, a été taillé et retaillé selon la sensibilité du moment, mais son armature n'a pas bougé depuis la seconde moitié du XIVe siècle.

L'enquête est ouverte et dirigée par un agent de l'État (procureur du roi, procureur impérial, puis procureur de la République). Le suspect est interrogé par cet agent ou l'un de ses délégués. Il n'est pas assisté, il ne sait pas ce qu'on lui reproche et pas non plus qui a témoigné contre lui. Il ne sait pas davantage si les enquêteurs ont en main des éléments matériels pouvant être exploités comme des preuves. On dresse un procès-verbal de ses interrogatoires, mais ce document ne reproduit pas ses paroles. Les mots qui sont écrits ont été choisis par l'enquêteur qui les a résumés avant de les transcrire. Les premiers procès-verbaux constituent le noyau dur de son procès jusqu'au jugement. On ne cessera de s'y reporter et de les lui opposer s'il prétend les modifier. Dans cette première phase décisive, l'accusé, qui n'a aucun droit et ne peut exercer aucune influence sur l'orientation de l'enquête, la subit comme si elle ne le concernait pas alors que son sort, celui de ses proches et sa liberté en dépendent.

Ici, nous sommes au cœur de la notion de défense. La loi le dit, et ceux qui la pratiquent le répètent comme une antienne jusqu'au gâtisme : les droits de la défense sont inviolables et sacrés. Inviolables ? Sacrés ? Soit ! Encore faut-il qu'ils existent. La défense et les droits qui s'y attachent étant, dans notre système criminel, bafoués jusqu'à la caricature, jusqu'à être purement et simplement anéantis, il est nécessaire de rappeler l'essentiel, lequel est en général accessible et intelligible.

Il n'y a de défense qu'en présence d'une attaque. Si donc il n'y a pas d'attaque, il n'y a pas besoin de défense.

En revanche, dès l'instant où l'attaque commence, la défense doit pouvoir s'exercer et être protégée. Rapportée à la question criminelle, cette évidence à la portée des enfants amène à s'interroger sur deux points. Quand l'attaque commence-t-elle ? Que signifie se défendre en matière judiciaire ? Aucune de ces deux questions ne présente de réelles difficultés.

La détermination du moment où l'attaque commence ne peut guère donner lieu à discussion puisque la garde à vue n'est utilisée qu'à l'encontre de ceux contre lesquels il existe des indices de culpabilité. Ne sont en effet placées en garde à vue que les personnes soupçonnées à partir d'éléments objectifs. À ceux qui oseraient dire, en l'occurrence, que le soupçon n'est pas une attaque, on répondra qu'il en va autrement lorsque celui-ci s'exprime à travers une stratégie employant des moyens coercitifs. Par conséquent, le placement en garde à vue marquant le point de départ de la stratégie coercitive, c'est bien à cet instant qu'on doit fixer le début de l'attaque.

Et la défense ? Qu'est-ce donc ? La cible d'une accusation quelle qu'elle soit a le choix entre deux défenses possibles. L'accusé peut dire : « Ce n'est pas moi. » Il peut également dire : « C'est moi et voici pour quelles raisons j'ai fait ce que l'on me reproche. »

Dans les deux cas, il se défend et, dans les deux cas, il a des droits. Ceux-ci sont de deux ordres d'égale importance. En premier lieu, il faut qu'il sache de quoi on l'accuse et qui l'accuse ; en second lieu, il faut qu'il puisse opposer sa propre argumentation à celle de ses accusateurs. Si ces deux types de droits ne sont pas disponibles et protégés, la défense n'existe pas.

Que se passe-t-il pendant la garde à vue ? Une infraction ayant été commise ou simplement dénoncée, les enquêteurs se sont efforcés de la constater et, s'ils y sont parvenus, de la décrire. Ils ont mis la main non pas sur un simple témoin mais sur une personne qu'ils ont des « raisons plausibles » de soupçonner d'avoir commis ou tenté de commettre cette infraction. Désormais, cette personne, c'est-à-dire ce suspect, est mise en accusation. A-t-elle le droit de se défendre ? Elle a celui de demander l'intervention d'un médecin, de faire prévenir un proche (mais cela peut lui être refusé), de connaître la nature de l'infraction faisant l'objet de l'enquête et de s'entretenir pendant une demi-heure avec un avocat. Aucun de ces droits ne lui permet de se défendre. Si les enquêteurs doivent lui dire à quel type d'infraction ils s'intéressent, ils sont muets sur les détails et, surtout, ils ne disent pas un mot des « raisons plausibles » qui justifient, à leurs yeux, l'arrestation. Pas un mot non plus ne sera dit concernant le contenu des témoignages déjà recueillis et l'identité de leur auteur.

L'avocat, s'il est autorisé à se présenter dès la première heure (il y a désormais une foultitude d'exceptions), n'en saura pas davantage. À lui aussi, on dira quelle est la nature de l'infraction sur laquelle porte l'enquête ainsi que sa date présumée mais on le tiendra dans l'ignorance totale des faits. Il ne saura rien de ce qui a été dit et par qui contre son client. Il n'aura accès à aucune des informations précises, détaillées et datées dont disposent les enquêteurs. Il n'aura pas accès aux constatations matérielles et ne pourra donc pas en mesurer ni *a fortiori* en discuter la valeur et l'authenticité. Il n'aura pas non plus connaissance des avis déjà exprimés par tel médecin, technicien ou expert dont l'opinion aura pourtant constitué l'une de ces « raisons plausibles » qui auront justifié le placement en garde à vue et lui seront soigneusement dissimulées.

De l'autre côté, quels sont les droits de celui qui accuse ? Que peut l'enquêteur pendant cette période où le suspect, arrêté, inquiet, fatigué, pas encore sale mais déjà offensé dans sa dignité et sa pudeur, est mis au secret ? L'emprise de celui-ci sur celui-là est énorme.

La décision de placement en garde à vue, c'est-à-dire l'arrestation, ayant été prise par le policier seul, il faut imaginer ce face-à-face sans témoins. En un éclair, le rapport de forces s'est établi. Le suspect, qui ne sait rien, ne comprend rien et ignore tout de ce qui va arriver, a compris que cet inconnu détenait un pouvoir et une capacité de nuire irrésistibles. Dans l'esprit de celui dont le cours personnel de l'existence vient d'être violemment détourné, c'est la tempête. La seule personne qui pourrait l'apaiser au milieu des questions qui fusent est celle qui le tient en son pouvoir, mais elle ne dit rien, n'a rien à dire, ne peut rien dire. N'est-ce pas en effet par une décision personnelle de ce policier inconnu qu'on est privé de sa liberté ? Et cet inconnu veut faire croire qu'il ne sait pas combien de temps l'arrestation va durer et que cela ne dépend pas de lui ? Et c'est encore lui qui va procéder à l'interrogatoire sans répondre à aucune question et surtout pas à la question essentielle : à qui s'adresser pour convaincre qu'on n'a rien à faire ici et qu'on doit retourner à ses affaires ?

Dans cette relation sans précédent et sans rien de comparable, la domination exercée par le policier n'est pas seulement absolue, elle est déloyale. On a devant soi un maître qui, s'imposant et se dérobant tour à tour, fait preuve d'autorité tout en se retranchant derrière une autorité supérieure enveloppée de mystère.

Comment se comporter en face d'un tel adversaire, omniprésent mais fuyant, qu'il faut combattre en étant désarmé ? Lui opposera-t-on un silence obstiné ou bien cèdera-t-on à la tentation de se plier à ses exigences et, pourquoi pas, de lui plaire si c'est le prix pour s'en faire un allié ?

Lui, sans états d'âme, dispose d'une panoplie psychologique, intellectuelle et, au besoin, physique. La domination psychologique est, on l'a vu, acquise. Pourquoi userait-il de brutalité alors qu'il suffit, dans la plupart des cas, de se montrer un tantinet compréhensif et bienveillant ?

Si son adversaire, placé sous sa dépendance, est faible, lui est encore renforcé par la légitimité de son action. Il lutte contre le mal puisqu'il cherche à identifier le ou les auteurs d'un délit ou d'un crime. Le mal, nul ne l'ignore, aimant à se déguiser, il saura répondre d'un cœur ferme aux supplications et aux larmes.

Pas de droits pour les méchants

Cette idée, nous la partageons sans même nous en douter. L'enquêteur que n'anime aucune mauvaise intention n'a pas mis la main sur le suspect sans de bonnes raisons. Pourquoi s'offusquer de sa supériorité alors qu'il en a besoin pour mener à bien son enquête en distinguant le vrai du faux ? Dans ce jeu du chat et de la souris, ne faut-il pas se réjouir au contraire de l'agilité et de la malice du chat si c'est le moyen de nous débarrasser de la souris qui empoisonne notre existence ? Pourquoi se plaindrait-on quand, pour une fois, les forces du bien sont supérieures à celles du mal ?

Soit. Accueillons cette idée. Au nom de quelle égalité absurde les délinquants auraient-ils autant de droits que les policiers ? Mais la lutte contre le crime est armée jusqu'aux dents. La police viole les domiciles, les vies privées, les secrets professionnels. Elle surveille les communications, brise les coffres-forts, perce les secrets professionnels ; elle reçoit, par l'intermédiaire du ministère public, les dénonciations auxquelles sont obligés les administrations, les experts-comptables, les professionnels de la santé et demain les avocats eux-mêmes. Elle fouille dans les dossiers, casse les tiroirs, ouvre les cadavres, fait découper les organes, prélever le sang et le sperme, relever les empreintes, les traces génétiques. Elle remplit des fichiers qu'elle consulte, croise, diffuse, recoupe. Elle paie des informateurs, croule sous les délations anonymes, les diffusions officielles et les blancs des renseignements généraux. Soit. C'est la règle du jeu. L'existence d'une infraction, même sous la forme d'une simple interrogation, fait tomber les protections que la loi réserve aux honnêtes gens. Ces constatations, ces surveillances, ces filatures, ordonnées ou contrôlées par le procureur ou par le juge d'instruction, tendent à établir la réalité du délit ou du crime et à en découvrir les auteurs. Des visages se dessinent, des noms surgissent, des identités se précisent. Et, maintenant, voici ceux qu'on soupçonne.

Leur mise en cause n'est en rien comparable à ce qui s'est fait auparavant puisque alors l'enquête, dotée de pouvoirs exorbitants, s'appliquait à conserver, à décrire et à comparer. Désormais, on accuse. C'est une autre affaire, car, cette fois, la guerre est déclarée, non pas contre l'auteur abstrait d'une infraction plus ou moins révoltante, mais contre un être de chair et de sang, son semblable. Est-il coupable ? Est-il innocent ?

Lui seul le sait. Que le policier brûle d'envie de le lui faire dire ou, du moins, de vérifier la valeur des soupçons en l'interrogeant, c'est normal, c'est même irrésistible. Mais que la loi le lui permette est tout simplement aberrant. Que ce même policier, après avoir dirigé l'enquête, recueilli les témoignages, réuni les pièces, ordonné les expertises, puisse poser la moindre question à une personne soupçonnée du crime alors que celle-ci ne sait rien tandis que lui sait tout est injustifiable. D'un côté, on définit une stratégie et on prépare des questions qui sont autant de pièges ; de l'autre, on ne peut que nier ou mentir.

Dire la vérité ? Allons donc ! Quelle vérité ? Celle qui pourrait apparaître à travers une confession sincère inscrite dans une histoire personnelle dont tous les événements reconstitués fidèlement formeront une trame authentique ? Cette histoire-là ne verra jamais le jour puisque sa trace s'effacera à travers une formulation tronquée de paroles dont la force et le sens auront été expurgés. Pourtant, ce qui sortira de ce tête-à-tête aussi illégal que déloyal, constituera jusqu'au jugement le socle indestructible sur lequel sera construite l'accusation. Et l'orientation de l'affaire, décidée sans permettre à l'accusé d'en proposer une autre, déterminera la suite de tous les événements. À la fin, ce qui n'était qu'un point de vue est devenu une vérité inlassablement rabâchée.

Procédure injustifiable ? Bien sûr, puisqu'il n'existe aucune raison présentable d'interroger le suspect sans la communication préalable de toutes les pièces du dossier et l'assistance d'un défenseur. Qu'il faille, dans certaines circonstances, retenir telle ou telle personne pour l'empêcher de se concerter avec des tiers et d'altérer des pièces de l'enquête ne peut en aucun cas expliquer et encore moins excuser la procédure en vigueur. L'arrestation et l'interrogatoire sont des mesures indépendantes l'une de l'autre. La décision d'arrestation provisoire ne devrait être prise que par un juge qui n'aurait eu aucune part à l'enquête et se prononcerait après avoir entendu les arguments de celui qui accuse et de celui qui se défend. Fort de son droit d'accès au dossier, ce dernier pourrait s'opposer utilement aux déclarations des témoins, en proposer de nouveaux, contester la valeur des perquisitions, des saisies et des expertises avant qu'il ne soit trop tard. Sa version des faits, transcrite intégralement sans rien omettre des nuances, des retouches et des hésitations, ne pourrait être donnée qu'en présence de son conseil.

Au lieu de cela, l'arrestation est aujourd'hui décidée, en fonction des réponses apportées par celui-là même qui a posé les questions. D'où il résulte que l'interrogatoire est un chemin troué de pièges, mais aussi un chantage permanent.

Ce n'est pas tout. Quand ces interrogatoires auront pris fin, une décision aux conséquences irréversibles interviendra, la plus importante pour la suite des événements. La garde à vue ayant cessé parce que le terme légal a été atteint ou bien parce que la police ou le procureur ont estimé qu'on en savait assez, on doit trancher. Le suspect sera-t-il libéré ou « déféré » ? Dans le second cas, il sera amené devant le tribunal ou un juge d'instruction. La décision qui va fixer son sort est bel et bien un acte judiciaire. Pourtant, elle n'aura été précédée ni même accompagnée d'aucun débat. Ainsi, on conduit au tribunal ou devant le juge une personne contre laquelle l'action publique est mise en mouvement sans qu'à aucun moment celle-ci ait pu exercer, sous quelque forme que ce soit, les droits attachés à la défense.

Que contient le dossier désormais attaché à l'accusé jusqu'au dernier acte de son parcours pénal ?

Des auditions de témoins. Elles ont été recueillies en dehors de sa présence sans qu'il puisse ni les contredire ni les compléter. Les témoins eux-mêmes, sélectionnés à partir des seuls critères de l'enquêteur en fonction de l'orientation adoptée par lui, n'ont pas eu à répondre aux innombrables questions que l'accusé voulait leur poser de sorte que celui-ci n'a pu faire entendre aucun autre son de cloche.

Des constatations matérielles ainsi que des avis techniques. Les unes et les autres ont été effectuées et recueillies sans discussion. Si les constatations ont été erronées ou insuffisantes, si les conclusions du technicien ou de l'expert ont été obtenues par application d'une méthode abandonnée ou critiquable, c'est tant pis et, s'il est trop tard pour y revenir ultérieurement, c'est encore tant pis. Si le tri des objets et documents saisis donne une fausse image de l'environnement intellectuel et matériel dans lequel ils se trouvaient, c'est toujours tant pis.

Des interrogatoires de l'accusé. Avec ou sans aveux, ces déclarations comportent deux défauts incorrigibles. L'accusé ne s'est exprimé que dans le cadre étroit des questions préparées par l'enquêteur à partir d'un point de vue nécessairement partiel. Elles ne sont pas la reproduction des paroles réellement dites, mais un résumé fabriqué par l'interrogateur. À ces deux vices consubstantiels viennent souvent s'ajouter l'ensemble des pressions morales et/ou physiques qu'il est tellement facile d'exercer sans laisser la moindre trace. En dépit de telles imperfections, ces procès-verbaux, qu'ils soient signés ou pas (il arrive, mais très rarement, que le gardé à vue refuse de signer) ont une très grande valeur aux yeux du juge.

À quoi sert la défense ?

Et l'avocat ?

La loi ne l'autorise-t-elle pas à rendre visite, parfois même dès le début de la garde à vue, à la personne soupçonnée ? Peut-on nier que cette présence, source de réconfort et de conseils judicieux, permet à la défense de s'exercer ? Avant de dénoncer l'imposture de cette pseudo-défense, il n'est pas inutile de rappeler que la finalité de la garde à vue a été, dès l'origine, d'empêcher la mise en œuvre des droits de la défense. Elle n'a, en effet, ainsi qu'il a été dit, pris sa forme actuelle qu'après la loi qui a introduit les avocats dans les cabinets d'instruction. Les débats qui ont précédé le vote de cette loi contiennent au mot près tous les arguments qu'on oppose aujourd'hui à une présence effective et active de l'avocat durant la garde à vue. En faisant entrer l'avocat aux côtés de l'inculpé dans le bureau du juge d'instruction, on y paralysait, disait-on, l'action publique, on énervait la répression, on favorisait la délinquance, et l'avocat, désormais complice en puissance, aidait à la dissimulation des preuves. Les grands mots n'ont pas empêché le vote de la loi, mais l'entrée en lice de la garde à vue l'a privée de sa substance. Jusqu'à la loi de 1897, tout ce qui s'accomplit aujourd'hui pendant la garde à vue se pratiquait à l'instruction. La garde à vue est née de l'impossibilité, due à la présence de l'avocat, de mener la première phase de l'enquête comme on l'avait toujours fait, secrètement et de manière non contradictoire.

À quoi sert un défenseur ? À informer et à guider l'accusé. Il l'informe des dispositions légales applicables aux faits qu'on lui reproche. Il lui dit s'il estime que ces faits sont susceptibles de recevoir une qualification pénale et de constituer une faute pouvant entraîner une sanction. Bien entendu, il ne peut remplir cette première partie de ses obligations que s'il a une connaissance complète, précise et détaillée de toutes les informations, figurant sous forme de procès-verbaux, dans le dossier. Une fois les informations réunies et maîtrisées, le défenseur doit servir de guide. S'il n'a pas à prendre de décisions à la place de l'accusé, il est tenu de lui faire voir quelles seront les conséquences de ses choix dans un contexte déjà en partie déterminé par des éléments matériels et légaux. Il n'a donc à le pousser ni dans le sens de l'aveu ni dans celui de la dénégation, mais à l'aider à replacer ses futures explications dans une démonstration logique et cohérente. Son rôle est de mesurer la marge de manœuvre en considération de ce qui est solidement établi et de ce qui peut être discuté. Il lui incombe d'apprécier la force des témoignages, des indices matériels et des avis techniques de façon à ce que l'accusé sache si cet ensemble d'éléments constitue des charges méritant d'être combattues si elles peuvent l'être. Même si l'accusé était déterminé à avouer sa culpabilité, il aurait à s'assurer que cet aveu n'est pas incompatible avec les faits du dossier. Si la décision d'avouer devait l'emporter, il aurait alors à pénétrer assez profondément dans la personnalité de la personne poursuivie pour l'aider et l'encourager, à travers des documents et des explications, à faire connaître les raisons de ses actes. Ensuite, tout est affaire d'exécution : le choix des témoins à faire entendre, des investigations à demander, des informations à fournir, de la construction de la démonstration au regard des faits et de la loi. Si l'accusé n'est pas assuré de bénéficier d'une telle assistance, il n'a pas de défense, il n'a pas de droits.

Dans la phase de la garde à vue, lorsque les portes du bureau de police s'entrouvrent devant l'avocat, celui-ci n'a pas les moyens de faire ce qu'il doit. Le rôle de consolation qu'on lui octroie, pour important qu'il soit, n'est pas le sien.

La stratégie de l'accusation s'étant développée sans contrepoids ni garde-fou, le dossier qui sort des locaux de police pour tomber dans les mains du magistrat qui le découvre est uniquement à charge. Encore cette expression désuète est-elle inadaptée car elle sous-entend que la voie est ouverte pour une instruction à décharge. Non, ce n'est pas le cas. Les éléments réunis par la police, corroborés par les témoins et les techniciens de son choix et par les déclarations plus ou moins sincères et pas du tout spontanées du suspect, constituent les fondations d'une vérité judiciaire qui ne sera qu'exceptionnellement remise en cause.

En dépit de ses pouvoirs juridictionnels, le juge d'instruction n'est pas un véritable juge mais un enquêteur aux pouvoirs renforcés. Toutes les informations reçues par lui ont été ou seront digérées par les policiers soit dans le cadre d'une enquête antérieure à sa saisine, soit dans le cadre des vérifications dont il les a chargées postérieurement à cette saisine. Les policiers et lui forment une équipe et travaillent la main dans la main. En général, ils se font confiance, ne se contrarient pas et accueillent avec suspicion les demandes extérieures tendant à les faire dévier de la ligne tracée.

Mais que fait le juge ? demande le mis en examen, il ne m'a pas interrogé depuis six mois. Pourquoi ne me convoque-t-il pas ? Pourquoi me laisse-t-il dans l'incertitude de ses intentions ? Le juge attend le « retour de la commission rogatoire ». Cette formule, usée jusqu'à la corde, désolante d'inconsistance, l'avocat l'emploie encore une fois. C'est son cache-misère. Comment expliquer à son client qu'il ne se passe rien et, surtout, qu'il n'y peut rien, que ses initiatives, s'il en prenait, se heurteraient à la même fin de non-recevoir encore répétée, tantôt par le juge lui-même, tantôt par son greffier : « Nous attendons, Maître, le retour de la commission rogatoire. » Une réalité bien actuelle se cache derrière ce vieux vocable. La police a reçu une demande émanant du juge d'instruction. Elle doit vérifier un point de fait, entendre un nouveau témoin, requérir une information auprès d'une administration ou encore se faire remettre un dossier médical, des pièces de banque, dresser un plan des lieux. Elle peut tout faire à la place du magistrat, sauf entendre le mis en examen. Pour l'essentiel, le policier et le juge sont interchangeables. C'est normal, puisque leur travail d'enquête, identique, poursuit le même objectif à partir des mêmes hypothèses. Agissant sur commission rogatoire du magistrat, le policier le plus scrupuleux ne pourra travailler qu'à l'intérieur du cadre dans lequel l'enquête évolue depuis le premier jour. Sans doute la piste initiale pourra-t-elle être écartée et une nouvelle piste suivie, mais cela se fera sans la participation du mis en examen, lequel ne pourra dire son mot qu'après coup. Les témoins seront entendus par le policier en dehors de lui et si le juge peut, à la demande de l'accusé, décider que l'avocat de celui-ci sera admis à poser des questions à un témoin autrement qu'à l'occasion d'une confrontation, il n'est pas tenu de le faire. Moyennant quoi, le pli est pris. Bons ou mauvais, les choix des enquêteurs ne pourront pas être discutés sur le vif. Les expressions du visage, les intonations de la voix, la chaise cassée dans la pièce en désordre, le couteau dans le tiroir, le pull dans la naphtaline, le bordereau de banque dans la liasse incomplète, seul le policier les verra. Nourri de ces détails riches de sens, il les transmettra avec ses impressions personnelles dans un aparté détendu avec le juge, enrichi par des contacts incessants.

Le plus souvent, le juge a « ses » policiers devenus ses interlocuteurs habituels. Ayant interrogé le suspect pendant la garde à vue, ils ont formé leur opinion de manière concrète et charnelle. Leurs impressions, leurs émotions parfois, ils les ont transmises au juge et l'équipe ainsi constituée en est tout imprégnée. Quoi de plus normal si elle fait bloc ! En plus du policier et du juge, le procureur fait lui aussi partie du groupe. À eux trois, ils écrivent le scénario de l'affaire, distinguent le rôle principal des seconds rôles qu'ils assignent aux interprètes désignés.

Les jeux sont faits très tôt. Dans la grande majorité des cas, la partie est décidée à la fin de la garde à vue, mais, si elle se prolonge, ce qui est le cas dans les dossiers compliqués ou graves, on revient rarement sur les choix initiaux. Une erreur commise par une équipe soudée n'est pas corrigée sans opposition. Bien sûr, le mis en examen n'est pas d'accord, il proteste, criaille, lance des invectives, menace, supplie ou vocifère, toute la gamme. Quelle importance ? A-t-on jamais entendu dire que l'énervement démontrait l'innocence ? Le poing fermé, le coup de gueule, les gémissements, les cris ou les larmes ne font pas le poids s'ils n'apportent pas la contradiction. Celle-ci, justement, est interdite au moment décisif. Car ce moment existe dans toutes les affaires, sans aucune exception.

À quel instant il se situe, à quel moment le drame se noue ? On le sait.

« Alors, elle ment cette femme ? demande le policier dans un dialogue qui ne sera pas retranscrit.

— Je n'ai pas dit qu'elle mentait, j'ai dit que je n'ai pas fait ce qu'elle me reproche, répond le gardé à vue.

— Pourtant, remarque le policier, c'est une mère de famille, elle n'a pas l'air d'être folle.

— Je ne sais pas si elle est folle, je dis que je n'ai rien fait.

— Mais vous la connaissez au moins ?

— Non, je ne la connais pas.

— Tiens, c'est curieux, on vous a vu avec elle.

— C'est impossible.

— Ça n'est pas impossible du tout, des tas de gens vous ont vu avec elle.

— Alors, on nous a peut-être vus descendant ou montant le même escalier.

— Donc vous la connaissez ! À l'instant vous venez de dire que vous ne la connaissiez pas.

— On peut habiter le même immeuble sans se connaître.

— On va mettre ça par écrit, dit le policier. »

Première audition de X, l'an 2004, le 1er août, neuf heures trente :

« Sur les faits. Avant-hier, le 30 juillet, je n'ai pas quitté mon domicile, 24, allée des Tilleuls à Saint-Gratien. Je vis seul et je n'ai reçu aucune visite. Vous m'apprenez que je suis accusé d'avoir, dans l'après-midi du 30 juillet, accosté la jeune Francine X, 12 ans, dans la rue et de l'avoir fait monter dans ma voiture après lui avoir proposé de la raccompagner chez elle. Je ne connais pas cette jeune fille, je ne connais pas non plus sa mère. »

X interrompt le policier :

« Je vous demande de préciser que j'ai pu les croiser puisqu'elles habitent le même immeuble que moi. »

Le policier reprend la rédaction : « Je ne vous ai pas dit toute la vérité. En fait, je connais ces deux personnes puisque nous habitons le même immeuble. »

X interrompt à nouveau le policier :

« N'écrivez pas que je n'ai pas dit la vérité. »

Le policier : « Mais vous ne l'avez pas dite tout à l'heure puisque vous prétendiez ne pas les connaître. »

X : « Je ne les connais pas vraiment. »

Le policier : « Vous les connaissez ou vous ne les connaissez pas ?

— Je les ai peut-être rencontrées.

— Donc, vous les connaissez de vue.

— De vue, oui.

— Donc, vous mentiez en disant que vous ne les connaissiez pas.

— Ce n'était pas un mensonge. »

Le policier reprend la rédaction : « Je tiens à préciser que je n'ai pas menti en vous disant, dans un premier temps que je ne les connaissais pas. Cependant, je reconnais que je les connais de vue. » Le policier lève les yeux vers X : « Ça vous va ? » À quoi bon, se dit X, faire une nouvelle objection ? De toute façon, il n'a rien à se reprocher. Ce que X ignore, c'est que Francine a donné une description précise de l'intérieur de la voiture de l'homme qu'elle accuse d'avoir abusé d'elle, indiquant même que dans le cendrier il y avait des mégots de marque Marlboro.

« Vous fumez quoi comme cigarettes ?

— Des Marlboro », répond X.

C'est le procureur qui, le délai de garde à vue expirant, prendra la décision fixant X sur son sort, mais celle-ci ne fera qu'exprimer la conviction du policier, lequel ne doute pas de la sincérité de Francine. Il a d'ailleurs eu le temps de faire venir un psychologue dont la conclusion est formelle : « Francine n'est pas une affabulatrice. » La mère aussi lui a fait une bonne impression tandis que X n'a pas cessé de se contredire. C'est décidé, une information va être ouverte. X sera conduit devant le juge d'instruction. C'est une affaire grave puisqu'il s'agit d'abus sexuels sur une mineure de 15 ans.

Avant de l'interroger une deuxième fois, le policier a dit à X qu'il avait intérêt à dire la vérité, que le juge en tiendrait compte avant de statuer sur la détention. X n'a pas flanché. Il a continué à nier.

Avant de savoir ce que va décider le juge, analyser ce qui vient de se passer dans les locaux de police n'est pas dénué d'intérêt. Une accusation a été portée contre X qui a nié. Des éléments de fait ont été réunis et des témoins ont été entendus. X a été interrogé. La décision de « déférer » X devant le magistrat-instructeur a donc été prise à l'issue d'un véritable procès au cours duquel X, interrogé, jaugé puis jugé, n'a pas été défendu. Quand, tout à l'heure, X se présentera devant le juge assisté par un avocat, l'essentiel aura déjà été pesé et la présentation ne sera qu'une formalité. Le moment décisif est passé. X n'a plus besoin de conseils. Il les lui fallait quelques heures plus tôt. S'il avait su que Francine avait vu dans sa voiture des mégots de sa marque de cigarettes, il aurait reconnu qu'il avait emmené l'adolescente, alors qu'il avait nié, parce que, ayant compris qu'on l'accusait faussement de pédophilie, il s'était dit qu'il ne fallait pas entrer dans un engrenage en expliquant la nature de ses relations avec une enfant dont, lui, le professeur de lettres, appréciait l'intelligence. Maintenant seulement, il comprenait à quel point son comportement idiot risquait de lui nuire.

Violée, dit-elle, Francine a été examinée par un médecin. Il n'y a pas eu de lésions mais l'enfant n'est plus vierge. À la police, à travers une glace sans tain, elle a désigné son agresseur. C'est X. Celui-ci est amené devant le juge d'instruction. Que peut-il faire ? Le crime est grave. Francine est crédible. X s'est contredit. Il existe à son encontre des indices graves et concordants de sa participation au crime. Cependant, X se récrie, son avocat fulmine. X est un père de famille sans histoires, jamais condamné, jamais soupçonné alors que, professionnellement, il est en contact quotidien avec des enfants. Pourquoi a-t-il caché l'existence de ses relations avec Francine ? L'avocat en donne l'explication. Elle lui paraît limpide, convaincante. Francine, poursuit-il, a-t-elle seulement été violée ? Elle est crédible ? Et alors ? L'avocat observe le juge, qui ne cille pas. L'avocat comprend que ce *« et alors »* ne suffit pas. Il s'interroge à haute voix. Sans doute a-t-elle une raison d'en vouloir à X. Sinon, elle ne l'aurait pas accusé à tort. Oui, mais cette raison l'avocat ne la connaît pas. X non plus apparemment. Du moins, il n'a pas eu le temps de la dire. La mise en examen est décidée. Le placement en détention aussi, sans l'ombre d'une hésitation de la part du juge des libertés et de la détention compte tenu de la gravité des faits.

Entre la fin de la garde à vue et la comparution de X devant le magistrat, il n'y a pas eu place pour un seul élément d'information nouveau, en faveur de X ou contre lui. Quand il a été appréhendé par les policiers, ceux-ci disposaient de « *raisons plausibles* » de le soupçonner. Les événements de la garde à vue, et en particulier les déclarations de X, les ont convaincus qu'il était l'auteur du viol. Et maintenant, à l'instant du débat contradictoire qui précède le placement en détention, que peut l'avocat ? Rien. Qu'il soit apathique ou passionné, raisonnable ou échevelé, placide ou emporté, étincelant ou fade, le résultat sera le même. Maintenant, il n'est qu'un spectateur mécontent auquel on a donné le droit de critiquer un scénario détestable sans lui permettre de le modifier en aucune façon. Sa place était auprès de X lorsque celui-ci a eu à répondre sur ses relations avec Francine. Là, il était utile et son intervention loyale eût été une véritable défense.

Invoquera-t-il cependant le principe de la présomption d'innocence ? Le juge, imbu des mêmes généralités que lui, n'y trouvera rien à redire et rien non plus qui puisse influer sur sa décision. À cet instant, l'innocence présumée de X est largement ébréchée, car, si la présomption de culpabilité ne s'était pas substituée à celle de l'innocence, il ne serait pas devant le juge et ce dernier n'aurait tout simplement pas le droit de le mettre en examen. La théorie peut bien affirmer que l'innocence ne se perd qu'après la déclaration judiciaire de culpabilité, la réunion de ces « indices graves et concordants » auxquels est suspendue la démarche du juge pénal constitue sans conteste une présomption de culpabilité. Celle-ci, introduite dans le procès avec le début de la garde à vue, a été confortée par elle et n'a pas été combattue.

Les pièces de la procédure, recouvertes d'un glacis protecteur intouchable, serviront d'arrière-plan au tableau en préparation auquel elles imposeront ses couleurs et son dessin. L'avenir, gros d'iniquité, s'il tient en réserve d'exceptionnels coups de théâtre, est généralement sans surprise. Balisées, les étapes de la procédure sont des copier-coller qui reprennent parfois sans y ajouter une virgule, les notions dégagées aux premières heures de la garde à vue. L'accusé, réputé coupable désormais, peut bien grogner et se débattre, la répétition des mêmes affirmations sous l'autorité de tant de magistrats différents apparaît plus véridique que ses lamentables dénégations. Si les premiers pas de l'enquête ont pris la bonne direction, le mal n'est pas si grand. Sinon, la tragédie s'accomplira.

Durant l'audience enfin, ultime répétition cadenassée du drame initial rejoué sur un mode tantôt lénifiant tantôt pervers, les lignes de force de la garde à vue reviendront au premier plan avec la déposition du directeur de l'enquête. Cet officier de police judiciaire, tantôt gendarme tantôt responsable d'un SRPJ (Service régional de police judiciaire), présente à la juridiction de jugement la synthèse des constatations et auditions effectuées par son service. Sous serment, il parle avec calme du minutieux travail d'enquête mené sous sa direction. Encouragé par le président qui l'écoute ravi, il sert aux juges une version résumée d'un texte écrit et révisé la veille. Auréolé par ses responsabilités, son discours prend l'apparence d'un récit objectif et neutre au point de faire oublier que son auteur n'est pas seulement, comme le procureur, le principal représentant de la thèse de l'accusation mais aussi le premier à l'avoir conçue et adoptée. Le président ayant le choix du moment de sa déposition le fait généralement venir à la fin des débats de façon à créer dans l'esprit des jurés lorsque l'affaire est criminelle une impression de clarté que la diversité des témoignages n'avait pas apportée. Très souvent efficace pour l'accusation et toujours navrante pour l'équité, cette version des faits mérite d'être taillée en pièces car elle ne fait que refléter le point de vue d'une enquête où la défense était absente.

C'était en 2004 mais cela aurait pu arriver en 2003 ou en 2005, un homme venait d'être libéré par la cour d'assises après trois ans de prison. Son travail perdu, ses biens dispersés, sa vie saccagée, il ne s'attarda pas sur ses épreuves mais fit part de son étonnement. Placé en garde à vue dans une affaire de pédophilie sur les accusations d'une mère de famille qui avait abusé de ses propres enfants, il n'avait eu à opposer à la théorie de l'enquête que ses sempiternelles dénégations. Pourquoi, se demanda-t-il publiquement, certains de ceux qui ont avoué le crime qu'on leur reprochait comme à moi mais que je n'ai pas commis sont-ils en liberté alors que moi qui l'ai nié je suis resté en prison ?

La réponse à cette question de bon sens n'a rien de consolant car elle repose sur une distinction inhérente à l'actuel système répressif mais tellement bancale qu'aucun innocent ne pourra jamais l'admettre. La prison où cet homme a perdu sans retour trois années de sa vie est utilisée comme punition mais aussi comme moyen de rétention. Avant la déclaration de culpabilité, elle ne peut pas servir de châtiment. Elle ne peut pas non plus être utilisée comme moyen de rétention si celle-ci n'apparaît pas nécessaire à la poursuite de l'information. En libérant celui qui avait avoué, le juge d'instruction, estimant par ailleurs que ce mis en examen se présenterait devant la cour d'assises (seul point où il ne s'était pas trompé), a donc appliqué la loi qui l'invitait à ne pas prolonger la détention lorsque les faits lui apparaissaient élucidés comme c'était le cas avec cet aveu. Le dénégateur, lui, ne pouvait pas jouir du même avantage puisqu'il continuait de s'opposer à la théorie de l'accusation tenue pour véridique par le juge d'instruction. Que la prison soit utilisée pour faire avouer les accusés récalcitrants, c'est un fait que les juges nient sans convaincre. Dans la procédure criminelle aujourd'hui en vigueur, c'est d'ailleurs inévitable. Enquêteur lui-même, le juge s'est persuadé que l'ensemble des mis en examen étaient coupables, sinon il les aurait fait bénéficier d'un non-lieu. Si ces gens refusent d'avouer, cela signifie à ses yeux qu'ils sont non seulement coupables mais dangereux. Si on les libérait, ne s'empresseraient-ils pas de faire pression sur les témoins ou sur les plaignants pour les faire revenir sur leurs déclarations ?

Ne risqueraient-ils pas aussi de récidiver ? En prolongeant la détention jusqu'au jugement, le juge d'instruction trouve bien des satisfactions. D'abord il ne prend pas le risque, peu apprécié par l'opinion, de voir le prévenu se volatiliser. Ensuite, il évite les mauvaises rencontres entre les protagonistes de l'affaire et, enfin, il maintient la pression sur les dénégateurs. Mais, justement, de quoi ces gens soumis à un pareil chantage sont-ils les dénégateurs ? De la vérité ? Sûrement pas. Il faudra qu'elle attende le jugement pour apparaître. Ils nient une thèse à laquelle ils s'opposent avec véhémence. Cette thèse est celle d'une enquête qu'ils ont affrontée dans une position d'infériorité. Elle est aussi celle d'un faux juge qui, étant en réalité enquêteur, se fait passer pour ce qu'il n'est pas.

Mais, dira-t-on, et la chambre de l'instruction et le juge des libertés ? N'ont-ils pas été institués par la loi pour contrôler le juge d'instruction et prendre avec plus de recul les décisions sur la détention ? Sur le papier, ces deux institutions pourraient jouer ce rôle. Dans la réalité, elles n'en sont pas capables. Le dossier dont elles disposent étant celui du juge souffre des mêmes lacunes et, faute de véritable débat contradictoire, des mêmes insuffisances. La version policière et triomphante de l'histoire n'est pas nécessairement erronée. Si elle est critiquable et défaillante, c'est parce qu'elle ne retient qu'un point de vue unique, autiste et incomplet. La thèse victorieuse n'est pas forte de ses mérites et de ses gages d'objectivité. Elle ne doit son succès qu'à l'absence d'obstacles et à l'accumulation des versions identiques répétées à chaque échelon du parcours hiérarchique. S'il advient à l'audience criminelle que la thèse de l'accusation vacille, c'est à l'argument d'autorité que se raccrochera le procureur désemparé. « Comment, dira-t-il aux jurés, pourriez-vous ne pas tenir compte du fait que la culpabilité de X a été tenue pour établie par tous les magistrats qui ont eu à examiner le dossier ? » Il en donne alors la liste impressionnante : le juge d'instruction, le procureur qui a réglé le dossier, le procureur général, les trois conseillers à la cour d'appel formant la chambre de l'instruction. Il omet d'indiquer que chacune des versions écrites adoptées par cet ensemble de magistrats est, à l'exception de quelques modifications de forme, la reproduction du récit initial élaboré par un policier, le directeur de l'enquête.

Pourquoi acceptons-nous de livrer sans défense à des enquêteurs de police les simples suspects ? Pourquoi refusons-nous d'accorder à l'accusé les mêmes droits qu'à celui qui l'accuse ? Cette façon de conduire le procès criminel est tellement contraire à ce que nous exigeons de nous et de notre entourage dans les circonstances de la vie quotidienne, elle est tellement en opposition avec la notion pourtant simple d'équité, elle est tellement destructrice des droits attachés à la personne humaine que, faute de pouvoir l'expliquer et la comprendre, nous préférons ne pas la voir.

CHAPITRE II

QUI SONT LES BARBARES ?

Place à la vengeance

Pourtant, cette façon de mener le procès n'est pas une fatalité. Dans toute l'Europe chrétienne, donc aussi en France, du Ve siècle au XIIIe siècle et même au-delà, on a pratiqué dans des duels judiciaires l'égalité des armes pour juger les crimes. Cruelle à nos yeux, cette procédure réglementée était aussi rationnelle. C'était d'abord une modalité d'exercice du droit à la vengeance. Comme n'importe quel droit, celui-ci existe indépendamment de la personne de son titulaire. Il peut se transmettre et comporte des attributs pécuniaires et moraux. Il obéit à deux règles majeures : la proportionnalité entre le dommage subi et la vengeance permise, l'égalité parfaite des parties.

Devenu méconnaissable dans les États démocratiques du XXIe siècle, le droit de la vengeance, dénoncé par nos sociétés hypocrites comme barbare après avoir été travesti en un acharnement irréductible, bestial et aveugle qu'il n'était pas, n'a pas disparu et emprunte des formes dont la supériorité ne saute pas aux yeux.

Le fantasme du châtiment aux cruautés innombrables et infinies ne doit pas nous égarer. Le droit de la vengeance ne consistait pas à livrer à la prétendue victime du crime l'auteur de l'offense dont elle se plaignait avec la permission de lui infliger tous les supplices inspirés par son ressentiment. On ne pouvait pas se venger sans prouver la culpabilité de celui qu'on accusait et cette preuve, on ne la fournissait qu'à ses risques et périls.

En ce jour de mai 1455, les deux champions entrant en lice à Valenciennes sous les yeux du peuple assemblé à un jet de pierre de la maison du duc de Bourgogne venu en invité n'ont qu'une seule assurance. Dans le combat à mort qui va les opposer, les règles de la plus scrupuleuse égalité des armes vont être respectées. Jacotin Plouvier est venu dans cette ville pour venger un ami tué dans un guet-apens. Il accuse Mahuot Coquel d'être l'assassin. Après de longues recherches qui lui ont appris que celui-ci se trouvait à Valenciennes, il s'est présenté aux autorités de la ville et a réclamé son droit. Maintenant, les deux hommes se font face. De loin, ils se ressemblent. Les deux têtes sont rasées, les poitrines couvertes d'un pourpoint de cuir noir, un bouclier protégé par une peau de mouton dans la main gauche, un bâton dans la main droite. Avant le combat, ils ont été enduits de graisse des pieds à la tête et ont bu un bol de soupe au poulet. Moralement aussi ils se sont préparés. Après avoir prêté serment sur les Évangiles, chacun a juré que sa cause était juste. Coquel a même fait le tour du parc et, s'agenouillant à chacun des quatre coins, il a baisé le sol.

Dans quelques instants, le prévôt de Valenciennes, dans sa robe de velours violet à parements dorés, va donner le signal qu'attendent les deux hommes pour s'élancer l'un contre l'autre. La foule s'impatiente. On entend des cris pendant que les dames, prenant leurs aises, finissent d'installer leurs coussins sur les gradins de bois qu'on leur a réservés. Enfin, le prévôt, juge et arbitre du combat, descendu dans l'arène, s'approche. On l'entend crier : « Faites votre devoir, faites votre devoir. » Certains ont eu le temps de voir qu'un gant, lancé par lui, gisait aux pieds de Coquel mais déjà celui-ci jette aux yeux de Plouvier une pleine poignée de sable qui le fait reculer. L'instant d'après, il se précipite sur lui et lui fend le crâne avec son bâton de néflier. Plouvier, le visage ruisselant de son propre sang, recule encore puis prend son élan et bondit sur Coquel qu'il parvient à faire tomber. Profitant de l'avantage, Jacotin à cheval sur l'homme à terre, ramasse du sable qu'il verse dans la bouche et les yeux de Mahuot. Celui-ci tente de se dégager d'un coup d'épaule et, n'y parvenant pas, recrache le sable en balançant sa tête à droite et à gauche. Enhardi, Plouvier le bourre de coups de poing et lui mord les oreilles jusqu'au sang. Coquel pousse un hurlement qui bouleverse la foule. Philippe de Bourgogne fait un signe de la main au prévôt. Ne pourrait-on pas interrompre le combat ? Le juge, pourtant sous les ordres du duc, répond par un geste. C'est non. Plouvier redouble de férocité. Il enfonce ses ongles dans les chairs à vif de Coquel avant de lui tourner la face contre terre. Un cri jaillit. Plouvier brandit sa main ensanglantée. Coquel lui a coupé un doigt avec les dents. Sous le coup de la douleur et de la rage, Plouvier se redresse et, tel un diable, se jette à pieds joints sur Coquel allongé sur le ventre, presque inerte. Plouvier, qui sent la victoire approcher, est encore plus déchaîné. S'étant saisi d'un bras de Coquel, il le tord jusqu'à le briser avant de lui casser les os du cou d'un dernier coup de bâton. « Plus fort, hurle-t-il alors en s'adressant au vaincu, parle haut afin que tout le monde t'entende. » « Je l'ai fait, je l'ai fait », répond Mahuot. Un prêtre, que personne n'a vu arriver, s'approche. Coquel lui parle à l'oreille. On comprend qu'il se confesse. Puis, il expire. Le juge entre alors dans l'arène. Il déclare Mahuot coupable de meurtre et ordonne au bourreau de traîner son corps sur une claie avant de le pendre. Ensuite, il se tourne vers Plouvier auquel il assure qu'il ne sera jamais inquiété pour ce qu'il vient de faire.

Nos mœurs actuelles sont plus douces. Leur cruauté est moins visible mais ce duel, pour écœurant qu'il soit, est plein d'enseignements. Le déferlement de violence auquel assistèrent les gens de Valenciennes était légal puisqu'il se déroulait sous les yeux et avec la permission du chef des États de Bourgogne ainsi que sous le contrôle d'un juge qui pouvait, à tout moment, le suspendre ou l'arrêter. La ville du Nord, qui jouissait à l'époque d'un certain nombre de franchises, donnait asile à toutes sortes de réfugiés auxquels elle accordait une relative impunité. Quand Plouvier eut découvert que Coquel se cachait à Valenciennes, il eut peut-être la tentation de lui régler son compte sans tambour ni trompettes mais il aurait commis un meurtre et se serait mis hors la loi. Comme il voulait se venger, il devait au préalable obtenir l'autorisation du juge et accepter les règles du duel judiciaire. De son côté, Coquel pouvait refuser le combat mais cela eût été considéré comme un aveu de culpabilité.

Le rôle du juge ne se limitait pas à autoriser le duel. Il veillait au respect de l'égalité et de la loyauté. Plouvier et Coquel n'étant pas nobles étaient armés de bâtons et avaient combattu à pied mais leur affrontement avait été réglé avec autant d'attentions et de soins que celui des chevaliers et l'épaisseur des bâtons, la qualité de leur bois, la taille de leurs boucliers, la forme et la matière des pourpoints, tout avait été scrupuleusement vérifié par le juge lorsque les combattants s'étaient préparés, en sa présence. Une fois la lutte engagée, le prévôt aurait pu la suspendre pour une raison quelconque mais, dans ce cas, chacun des deux hommes aurait repris sa place à l'endroit même où il se trouvait au moment de la suspension.

Ainsi, le dernier des manants avait le droit de défendre sa cause selon les règles applicables aux princes du plus haut lignage. Allant de soi, l'égalité des armes constituait la condition nécessaire de n'importe quel procès. Un adulte n'aurait pas été admis à défier une femme ou un enfant mais ceux-ci auraient pu se faire représenter par le champion de leur choix. Dans ce cas, ils auraient assisté au combat et subi le châtiment réservé au vaincu.

Plouvier était venu à Valenciennes avec l'intention bien arrêtée de détruire celui qu'il tenait pour responsable de la mort de son ami, mais la loi lui interdisait de l'approcher et *a fortiori* de le toucher s'il ne mettait pas lui-même sa propre vie dans la balance. En accusant Coquel de meurtre, Plouvier savait qu'il s'exposait à être tué par lui. Aucune mesure ne pouvait être prise à l'encontre de Coquel sans être appliquée de la même manière à Plouvier. Les deux hommes avaient d'ailleurs passé la nuit précédant le duel dans des cellules voisines de la même prison. De cette façon, la loi montrait à quel point le fait d'accuser était grave et lourd de conséquences pour l'accusateur lui-même. Celui-ci ne devait s'attendre à bénéficier d'aucun préjugé favorable ni d'aucun avantage susceptible de lui conférer la moindre supériorité. Il se plaignait d'un tort. Soit. Cela lui conférait le droit d'accuser et, au même instant, cela créait au profit de son adversaire le droit de se défendre. Dès l'instant où l'accusation était portée, les deux parties, également dignes d'intérêt et de respect, ne devaient recevoir aucune faveur particulière et pas le moindre encouragement.

Justice et vérité

Comme il s'agissait bien d'un procès et pas d'un simple pugilat, la question de la vérité de l'accusation occupait le centre du terrain. Comment pouvait-on croire que celle-ci allait se manifester à travers des coups de bâton ? On ne se contentait pas de le penser. C'était une certitude partagée par la foule, les belles dames, le prince, le juge, le prêtre et les combattants eux-mêmes. Elle reposait sur une conviction plus dure que la plus dure des pierres, plus inébranlable que les murs de la prison où l'on avait veillé en prières la nuit d'avant la lutte, aussi certaine que la venue du printemps après l'hiver, aussi évidente que la supériorité du seigneur sur le serf et de l'homme sur la femme. Dieu, bon, sage et omniscient, le Dieu des chrétiens de Rome et de Byzance, ne laissait pas le mal triompher du bien, le mensonge l'emporter sur la vérité et le coupable vaincre l'innocent. Quand Plouvier et Coquel, à genoux, avaient juré sur les saintes écritures qu'ils n'avaient rien à se reprocher, ils ne doutaient pas que Dieu, fortifiant leur bras et leur volonté, viendrait à leur secours. Dieu n'avait-il pas créé le monde à partir de rien ? N'avait-il pas sacrifié son propre fils pour sauver l'humanité entière ? Pour oser soutenir qu'il assurerait l'impunité au crime, il fallait être soi-même hérétique, c'est-à-dire criminel.

Ainsi, le duel judiciaire pouvait-il, produisant une preuve parfaite et révélant une vérité incontestable, dérouler son rituel en toute sécurité. En effet, on atteignait deux objectifs essentiels pour l'institution judiciaire en se procurant deux garanties, l'une de forme et l'autre de fond. La règle de forme, atteinte sans discussion possible, satisfaisait pleinement l'exigence d'équité dont la notion est indissociable de n'importe quel système de règlement des conflits. Le principe d'égalité devant l'une des institutions les plus importantes de la vie sociale n'était donc pas une formule creuse. En outre, son mode d'application mettait en valeur, à travers un cérémonial assez spectaculaire, un aspect oublié ou même perdu du procès criminel : sa noblesse, lorsque les parties placées à la même hauteur s'affrontent loyalement.

La garantie de fond apportée par le duel judiciaire n'a pas moins d'importance mais elle est d'une autre nature. En faisant dépendre la révélation de la vérité judiciaire de l'intervention divine et pas seulement de la volonté de l'accusateur d'aller au bout de son entreprise, on introduisait un argument littéralement indiscutable. Le jugement de Dieu, c'était l'autre nom du duel judiciaire, tirait sa force de la toute-puissance divine mais aussi de sa façon de surgir aux yeux de tous. Rien n'était plus propre à émouvoir que le combat enragé, à l'issue incertaine, de deux hommes ne luttant pas seulement, tels des gladiateurs, pour la vie mais pour prouver leur bonne foi. Plus d'un spectateur, espérant que l'innocent aurait davantage d'énergie que le coupable, devait scruter la démarche et les gestes des combattants afin d'y déceler le moindre signe de supériorité. Celui-ci cogne fort mais il encaisse mal. Il tape dur mais il est maladroit. L'autre paraît plus fragile mais comme il est souple ! Avec quelle habileté il vient d'échapper à cette nouvelle attaque ! Non, cette fois il a le dessous et ne peut plus respirer. L'autre frappe ! Ce dernier coup sur la tête l'aura assommé. Mais non il se relève ! Le gros costaud recule, trébuche, tombe, lâche son bâton. Le petit hésite (ah, mais pourquoi hésite-t-il ?), ce n'était qu'une feinte, il a fait un pas en arrière, ramasse son bâton, le gros met sa main sur ses yeux comme s'il s'attendait à recevoir le coup de grâce. Et ce cri qu'il vient de pousser ? Ce hurlement de bête traquée ? Ce n'est pas le cri d'un innocent.

Tandis que le vaincu expire, la vérité judiciaire, sortie des entrailles du coupable et de la bouche de Dieu, s'élève à une hauteur qui la met hors d'atteinte. Elle s'impose par le fait, par la force des croyances et aussi par la loi qui punit les paroles impies. Qui oserait s'attaquer à un pareil verdict ?

La pratique durable et ininterrompue pendant une longue période des duels judiciaires a ancré dans les mentalités trois notions qui lui survivront : la violence fait parler les corps ; la vérité la mieux cachée parvient à se manifester dans certaines conditions ; le plus souvent, celle-ci accouche dans la douleur. Si on sous-estime la force de ces certitudes, si on ne voit pas à quel point nous en sommes encore imprégnés, on s'interdit de rien comprendre à l'institution judiciaire. En imposant l'idée que, grâce à Dieu, la vérité est accessible à travers la violence, le Moyen Âge ne fait pas que montrer l'importance de la religion dans la vie quotidienne, il exprime aussi une forme de sagesse ainsi qu'une conception morale de l'existence. La vie, pleine d'embûches, n'est pas facile. On meurt jeune, surtout si on est pauvre, pas loin de là où on est né, comme les bêtes qu'on a nourries pour un lointain propriétaire. Il faut s'habituer à ses compagnons de misère : le dur labeur, la faim, le froid et la maladie.

On se révolte peu. À quoi bon si on ne croit pas au progrès ? Les riches aussi sont à leur place bien qu'ils ne l'aient pas méritée. D'ailleurs, si leur vie est enviable, elle ne tient pas plus qu'à un fil et ne leur procure que des plaisirs éphémères. On souffre plus ou moins, selon sa condition, mais la mort qui rôde et appelle à la danse, main dans la main, ne fait pas de jaloux.

En dépit des discriminations opérées par l'appartenance à l'une des trois classes sociales, les travailleurs (ou vilains) savent que les clercs et les chevaliers, s'ils exercent sur eux une domination absolue, ne sont pas épargnés par les maux qui accablent l'humanité en général. Cette prise de conscience apaise les conflits et pousse à la résignation et, si elle ne suffit pas à expliquer le rôle joué par la souffrance dans la recherche de la vérité, elle crée un terrain favorable que le christianisme, religion du sacrifice, occupe sans difficulté.

Jésus, sur la croix, est traité comme un criminel. Pourtant, le fils de Dieu n'a rien à se reprocher. La faute expiée par sa propre souffrance n'est pas la sienne mais celle de l'humanité pour laquelle il se sacrifie. Son corps a été cruellement lésé, déchiqueté, meurtri et supplicié alors qu'il est innocent. On aurait pu s'attendre à ce que la religion qui le vénère, lui et son sang, bannisse à tout jamais les châtiments corporels et *a fortiori* les jugements de Dieu. Le contraire s'est produit. Pendant des siècles, on a professé l'idée que Dieu, qui avait laissé un innocent agoniser sur la croix, viendrait au secours de l'innocent injustement accusé dans le procès. Comment cette contradiction a-t-elle été surmontée ? Dieu, a-t-on dit, a apporté une preuve éclatante de son amour de l'humanité en lui abandonnant son fils bien-aimé. Si Jésus avait été coupable de quoi que ce soit, le sacrifice n'eût pas eu de signification. C'est l'innocence du Christ qui a servi de preuve à l'amour de Dieu. Mais qu'en sera-t-il des innocents à venir ? Dieu les abandonnera-t-il comme il a abandonné Jésus ? Pour échapper à la contradiction, il faut admettre que le sort injuste d'un châtiment immérité est réservé au fils unique car les autres hommes n'en sont pas dignes. Cette explication est peu satisfaisante. La pratique de la foi chrétienne fournit en effet mille exemples de martyrs sanctifiés après avoir été suppliciés. Il est vrai que n'ayant pas été jugés pour leurs actes mais pour leur appartenance à la religion du fils unique ils pouvaient, comme certains l'ont fait, se prévaloir d'une sorte de droit au sacrifice en récompense de leur dévouement à la cause chrétienne. Il y aurait donc une distinction à opérer entre les innocents que leur comportement rendrait dignes de partager le sacrifice du Dieu fait homme et ces autres innocents, de droit commun serait-on tenté de dire, qui, étant impliqués dans une affaire criminelle à raison de leurs actes, n'ont rien à attendre d'une condamnation peu glorieuse.

Si on l'observe d'un peu plus près, cette distinction a un autre aspect. Dans la première situation on trouve les ingrédients de ce que nous considérons aujourd'hui encore comme une attitude héroïque : subir la violence plutôt que renoncer à une conviction morale ou religieuse. Le supplice est accepté sinon choisi. Dans la seconde situation, il est imposé à une personne qui n'en retirera pas le plus petit avantage. Autrement dit, Dieu permet à ses créatures de se sacrifier si la cause en vaut la peine. Dans le cas contraire, il leur porte secours. Dans tous les cas, la violence apparaît bénéfique. Ou bien elle est accordée à l'homme comme un don qui lui fournit l'occasion de révéler ses forces morales, ou bien, précédant le verdict divin, elle révèle elle-même la vérité. Tous ceux que la violence atteint en retirent un avantage, y compris le coupable. Celui-ci, mortellement frappé, peut, s'il se repent, rejoindre en queue de cortège la longue cohorte des martyrs. Lui aussi, s'il est sincère aux yeux du vicaire du Christ, aura sa part du sacrifice.

On voit donc s'établir autour du duel judiciaire une logique de la cruauté qui étend son emprise sur les adversaires dans le combat mais également sur les spectateurs ainsi que sur les adorateurs du Christ, présents ou représentés par le prêtre du début jusqu'à la fin du rituel. Cette emprise de la violence est empruntée à une religion qui confère à la victime de brutalités un mérite moral. À ce premier aspect s'en ajoute un autre aussi essentiel. La violence est le vecteur d'une vérité absolue. En désignant le vainqueur, elle détermine un verdict que nul ne pourra remettre en cause. Tombé du ciel, celui-ci puise paradoxalement une grande partie de sa force dans une matière vivante, c'est-à-dire ce corps charnel que la souffrance fait parler. Le lien significatif qui attache la souffrance, la parole et la vérité ne disparaîtra plus. Désormais, l'idée s'impose que le corps humain contient et recèle la vérité que cherche et doit trouver le juge au moyen de la souffrance. C'est pourquoi l'aveu arraché par la torture exprime une vérité infaillible. Cette certitude a de beaux jours devant elle.

En attendant, l'institution judiciaire du haut Moyen Âge ne manque pas de sagesse. En accordant toute sa confiance à Dieu, elle exprime aussi sa méfiance à l'égard du témoignage humain, qu'il émane d'un tiers ou du plaignant. Elle a parfaitement conscience que les témoignages s'achètent et ne sont jamais désintéressés. Pour une raison similaire, elle refuse de donner de la valeur aux déclarations du plaignant aveuglé par son désir de vengeance.

Par ailleurs, en observant avec le plus minutieux scrupule les règles du procès équitable, elle introduit une source de vérité rationnelle distincte de la source superstitieuse. L'affrontement, sous le regard impartial d'un juge arbitre, de deux thèses qui se combattent avec les mêmes armes constitue la base du débat contradictoire.

L'idée que la vérité étant dans le corps il suffisait pour la savoir de l'en extraire par la douleur n'est pas, on le voit, contenue dans le droit de la vengeance mais dans une conception religieuse du sacrifice. En revanche, cette idée satisfait pleinement le désir de vengeance qui est assez souvent inséparable de l'exercice du droit. Ce désir, on le retrouve à toutes les époques et la nôtre, pas plus qu'une autre, ne l'a effacé de nos consciences.

Rien n'y fait. La raison est impuissante. Nous n'accueillons pas de la même manière l'ensemble des maux qui écrasent nos vies. Quand la terre tremble et tue, nous ne la voyons pas comme un assassin. La douleur pousse son cri, mais on n'entend pas celui de la vengeance. Sauf si l'architecte des maisons en ruines avait promis qu'elles supporteraient sans broncher un pareil séisme. Alors, il devra rendre des comptes. Gare à lui s'ils ne sont pas bons. Si au milieu des décombres, s'étant glissé parmi les sauveteurs, un homme achève les survivants au lieu de leur porter secours, la fureur s'empare de nos esprits et les enrage ; elle jette les gros mots hors de nos bouches et anime la meute que, toutes affaires cessantes, nous formons pour arrêter la bête immonde.

Dans cette chasse au criminel, certains, selon leur tempérament ou la nature de leurs liens avec les blessés et les morts, ont plus d'ardeur que d'autres ou sont davantage égarés par l'ivresse de la douleur.

Quelqu'un a-t-il vu l'assassin frapper ? Les regards se croisent, on s'interroge, une voix plus forte couvre la rumeur : « C'est lui, c'est lui, je le reconnais. » Les autres hésitent. Dans la ville aux abois, errant comme des fantômes, parfois un enfant assommé dans les bras, les rescapés se ressemblent. Cet homme qui s'éloigne en courant, les cheveux blancs de poussière, est-ce lui qui, tout à l'heure, égorgeait une jeune femme hébétée ? Encore la voix : « C'est lui, je l'ai vu, c'est lui, c'était ma sœur. » Puis, dans la bousculade, c'est un croche-pied venu d'on ne sait où. L'homme tombé, les hésitations évanouies, les coups pleuvent, des pieds tapent au ventre, entre les cuisses, des mains soulèvent une tête, d'autres l'agrippent, une face ensanglantée, hurlante, surgit entre des jambes puis disparaît, on aperçoit un long corps plaqué contre le sol qui se soulève et retombe, et c'est le silence.

Ceux qui hésitaient s'éloignent, étonnés. Ils n'ont pas trouvé le châtiment excessif et ils n'étaient pas moins enragés que les autres, mais est-on sûr que c'était lui ? Avant de punir sans états d'âme, ils voulaient une certitude. Sinon, à sa place, ils auraient agi comme le frère. Celui-ci n'a-t-il pas *vu* l'égorgeur ? Ensuite, ne l'a-t-il pas reconnu ? Lui, si proche de la malheureuse, lui, témoin immédiat du crime, a-t-il pu se tromper ?

Le frère ne se pose pas ces questions. Pour lui, le doute n'est pas possible puisqu'il a *vu* de ses propres yeux l'homme qui, dans de terribles circonstances, au mépris de toute humanité, a osé égorger une femme qu'un miracle avait sauvée. S'il avait douté, il ne se serait pas lancé à ses trousses. Il n'a pas seulement vu l'assassin mais aussi sa propre sœur expirer devant lui. Il n'oubliera jamais son beau regard implorant une aide qu'il n'a pas pu lui apporter. Il est marqué par cette impuissance que la vengeance n'a pas assouvie. L'ignoble assassin qu'il a vu courir devant lui comme un lâche a bien essayé de cacher le forfait dont il portait la marque, mais le crime avait laissé une autre empreinte, elle aussi imprimée dans la chair, dans sa chair à lui, frère et témoin, dans son corps et dans sa mémoire, indélébile. Osera-t-on lui réclamer une autre preuve comme on a osé égorger sa sœur ? Elle a *vu* le visage de l'assassin, mais celui-ci ne lui a pas laissé la vie pour témoigner. Elle est une preuve morte. Et lui, le frère, par bonheur, il porte la preuve comme elle, une preuve vivante que nul ne récusera.

Si le tueur des ruines n'a pas été jugé, si son droit n'a pas été respecté, il a néanmoins expié. A-t-il expié une faute qu'il n'a pas commise ? Dans la tradition judiciaire dont nous sommes nourris, peu importe. La vérité, enfantée dans la douleur, ne puise pas sa force dans la rigueur de la procédure, mais dans une conviction à caractère religieux qui s'inspire du sacrifice rituel.

Les duels judiciaires n'ont pas été interdits à cause de leur cruauté. Louis IX, plus connu sous le nom de saint Louis, est généralement considéré comme le père de la justice moderne. Contrairement à une idée reçue, son importante influence n'a pas fait sortir la violence physique du débat judiciaire. Ce qui gênait le très chrétien roi de France à son retour de croisade, ce n'était pas que ses sujets s'étripassent mais qu'ils ne le fissent pas sous son autorité.

Dans tout le royaume de France, on pratiquait les gages de bataille, autre nom du duel judiciaire, comme on le faisait à Valenciennes sur les terres du duc de Bourgogne. À Laon, les droits de justice étaient entre les mains du seigneur de Coucy. Il était à table quand son garde-chasse vint le prévenir qu'on avait arrêté trois jeunes gens qui braconnaient dans ses bois. Que devait-on en faire ? « Les pendre selon l'usage », répondit Enguerran de Coucy entre deux bouchées sans savoir que les trois garçons étaient sous la protection du puissant abbé voisin de Saint-Nicolas-du-Bois ainsi que du connétable de France, Gilles Le Brun. Ceux-ci portèrent contre Enguerran une accusation de meurtre que saint Louis décida de juger sous son autorité en appliquant les règles qu'il venait d'édicter dans la grande ordonnance de 1254. Le roi voulait ouvrir une enquête sur les circonstances de la mort des trois garçons. Tous les grands féodaux comprirent l'importance de l'enjeu. Enguerran se rendit à la convocation de son souverain, mais il n'y alla pas tout seul. Le roi de Navarre, le duc de Bourgogne, l'archevêque de Reims, les comtes de Bar, de Bretagne, de Blois, de Soissons, de Champagne l'accompagnèrent à Paris. Ce qu'ils avaient à dire au roi tenait en peu de mots. Enguerran, qui ne se souvenait pas d'avoir ordonné la pendaison et niait toute culpabilité, était prêt à se battre contre ses accusateurs mais, s'agissant d'une affaire qui touchait sa personne, son patrimoine et son honneur, il ne devait pas accepter la nouvelle procédure de l'enquête criminelle. Après une nuit passée dans les geôles du Louvre, Enguerran comparut devant le roi. Supporter l'humiliation des interrogatoires et de la confrontation avec des témoins ? Il n'en était pas question. Saint Louis ne pouvait pas l'y contraindre, mais il pouvait le punir de mort pour sa désobéissance, ce qu'il ne fit pas. En revanche, il prononça contre lui des sanctions sévères. En plus d'énormes indemnités à payer, le rebelle perdait ses droits de justice sur les immenses étendues de ses bois et de ses étangs. Et là où les jeunes gens avaient trouvé la mort, on construisit avec l'argent de Coucy trois chapelles expiatoires.

L'affaire a marqué un tournant. Dans le duel judiciaire, les deux parties s'affrontaient devant un juge arbitre qui ne s'immisçait pas dans leur différend. L'enquête fait entrer de force un tiers dans le procès. Son introduction, avant d'être une réforme judiciaire, constitue un acte politique. L'État s'installe dans la justice. Il n'en est plus sorti.

Vers la justice d'État

Cette intrusion n'était pas celle d'un État laïque mais religieux qui trouvait dans le fonctionnement de la justice l'occasion d'imposer le pouvoir royal tout en affirmant la prééminence de la foi chrétienne sur les autres considérations. Cette révolution a eu lieu à un moment où l'Église tombait dans le pire des fanatismes. Sous la pression des ordres mendiants, on pourchassait les hérétiques un peu partout. Dans le midi de la France, le pape avait envoyé l'inquisiteur Bernard Gui, un moine dont le manuel décrivait avec minutie le rôle de la torture au cours des interrogatoires de l'enquête. Il n'y a pas à s'étonner que le pouvoir royal ait adopté sans la moindre hésitation les méthodes de l'Inquisition empruntées à l'Église puisque la torture s'inscrivait dans le droit fil de la conception absolutiste de la vérité judiciaire qu'on voyait à l'œuvre dans les jugements de Dieu. Dans un État chrétien, le « ministre de la douleur », c'était l'expression dont on usait pour désigner la torture, occupait la première place dans la hiérarchie des pouvoirs publics. En interdisant le duel, en lui substituant l'enquête, le roi s'introduisait dans la procédure criminelle, mais il n'imaginait pas de renoncer à l'intervention de Dieu pour savoir la vérité qui se cachait à l'intérieur des corps.

On supprimait le duel et avec lui le principe de l'égalité des parties, mais, conservant l'idée superstitieuse et tellement attrayante que Dieu parlait en faisant souffrir les hommes, on demandait encore et plus que jamais à la violence physique de faire apparaître la vérité.

Commencée au XIIIe siècle, cette histoire n'est pas terminée. En inventant un système où l'État demande à ses agents de produire une vérité sacralisée par n'importe quel moyen, la royauté a mis en place une procédure dont nous continuons à subir les effets pervers. Celle-ci a institué une confusion indéracinable entre l'enquête d'État et la vérité. Ce qui compte, ce n'est pas que les investigations aient été complètes ni objectives mais que l'enquête criminelle ait été menée selon le rituel réputé engendrer de la vérité. Il n'y a qu'une seule vérité en ce bas monde, c'est celle que Dieu atteste. Il n'y a qu'un chemin pour y accéder, c'est la douleur. Si l'enquête a été correcte, tant mieux. Si elle a été bâclée, tant pis. Dans les deux cas, elle a fait souffrir. La vérité judiciaire en est donc sortie.

Les quatre piliers de l'enquête

On peut aisément décrire les piliers du système ainsi que les grandes étapes de sa mise en place. Prérogative royale, *l'exercice du pouvoir judiciaire est délégué* ou retenu. S'il est délégué, il peut être repris. En matière pénale, il est confié au lieutenant criminel. Chargé de l'enquête, ce fonctionnaire est aussi un juge. Il se prononce sur la culpabilité après avoir dirigé les investigations. Cause de confusion et d'aveuglement, ce principe est au cœur de toute l'organisation.

Le deuxième pilier, c'est *le secret.* L'accusé n'a le droit de communiquer avec personne. Il ne doit rien savoir de ce qu'on lui reproche ni de ce qui a été dit contre lui. Ses seuls contacts sont avec l'enquêteur, lequel décide arbitrairement s'il lèvera un coin du voile. Le secret, on n'en fait pas mystère, est destiné à terroriser moralement l'accusé. L'œil rivé sur son manuel, l'interrogateur étudie ses réactions et les interprète en fonction d'un comportement de référence attribué aux coupables en général.

Il y a un troisième pilier. C'est *le principe de répétition.* On pose plusieurs fois à l'accusé les mêmes questions. S'il varie, une alternative se présente. Ou bien la seconde version contrarie la thèse de l'accusation et la nouvelle explication est traitée comme un mensonge. Ou bien elle la corrobore et, dans ce cas, la répétition la renforce.

La manifestation de la vérité constitue le quatrième et dernier pilier. Le but de l'enquête étant de faire apparaître une vérité latente placée sous la haute protection de Dieu, de ses vicaires et de leur kyrielle d'officiers, laïcs ou clercs, les violences concourant à cet objectif sont nécessaires.

Ces quatre piliers de l'enquête criminelle font partie d'un édifice politique. En s'emparant de l'institution judiciaire, l'État naissant affirme sa supériorité sur l'ensemble des organisations sociales. L'histoire de la procédure criminelle depuis le XIIIe siècle se confond avec celle de la monarchie absolue. Chaque étape marquante de l'accroissement des pouvoirs de la royauté a été accompagnée par un durcissement de l'enquête criminelle.

Aucun de ses quatre principes directeurs n'a répondu à un objectif judiciaire. Le monarque ne pouvait pas s'affirmer comme la source unique de tous les pouvoirs sans mettre la main sur la justice. Les légistes et les juristes, dont l'influence comme conseillers du prince n'a pas cessé d'augmenter avec le renforcement de la monarchie, ne s'y sont pas trompés. Pour que rien ne limite l'autorité royale, il faut que le monarque apparaisse comme le juge suprême, ce qui suppose, dans une société profondément religieuse et superstitieuse, qu'il ait lui-même un caractère sacré. Nulle part, ce caractère ne pourra se manifester de manière plus éclatante que dans le procès criminel, dont le but est de révéler une vérité absolue échappant à toute possibilité de contestation.

De même que Dieu est le garant de la vérité judiciaire qui est son œuvre, le monarque est présent dans toutes les phases de l'enquête. Sauf exception, il ne s'y trouve pas en chair et en os mais à travers ses agents qui le représentent et se trouvent, de ce fait, investis d'une parcelle de son autorité sacrée. C'est cette fiction qui va permettre de gommer l'un des aspects les plus aberrants et cependant les plus importants du système, celui qui autorise la même personne à mener l'enquête et à se prononcer sur la culpabilité.

Bien qu'emprunté aux techniques de répression des hérétiques, le principe du secret quant à lui ne faisait pas du tout partie de la procédure en vigueur devant les tribunaux ecclésiastiques. Avant de déclencher la chasse aux hérétiques, l'Église écartait cette pratique abusive qui rend impossible l'exercice des droits de la défense. Allant plus loin, le droit ecclésiastique interdisait d'interroger les témoins sur des points qui n'avaient pas été préalablement définis et acceptés par les parties. Ce sont elles, qui délimitaient l'étendue des témoignages et ceux-ci leur étaient aussitôt communiqués. L'exception du secret à l'égard des hérétiques s'entendait donc comme une pratique justifiée par la gravité du crime. Partant de l'idée que les fausses doctrines étaient enseignées par des gens qui, membres d'une même secte, raisonnaient à l'intérieur d'un système rigide et codé, l'inquisiteur préparait une batterie de questions visant non pas à obtenir des réponses factuelles mais à déstabiliser le suspect. Le secret de l'interrogatoire servait à le terroriser. C'est le style de ses réponses, bien plus que leur contenu, qui trahissait son appartenance à la secte. On ne cherchait pas à établir les faits en les analysant de manière critique à travers la confrontation des points de vue, mais à faire peser sur le suspect isolé et privé de défense le poids d'une suprématie que l'autorité sacralisée de l'enquêteur rendait à peu près invincible. Secrète, l'enquête n'avait que deux issues. Si l'inquisiteur estimait que ses questions avaient produit suffisamment d'indices concordants, on disait

« violents », il demandait à la torture d'ouvrir la voie à la manifestation de la vérité. Sinon, si les indices lui paraissaient trop faibles, il relâchait le suspect. Dans les deux cas, l'accusé avait été traité comme un ennemi du genre humain qui ne méritait pas d'exercer des droits et de participer à l'enquête autrement que de manière passive. Pourquoi lui aurait-on donné un rôle actif alors que l'inquisiteur se chargeait très bien de tout et disposait des moyens appropriés pour faire surgir la vérité ?

L'exclusion progressive de la défense

Les grandes étapes de l'évolution de la procédure criminelle aident à comprendre comment ces principes ont d'abord été imposés comme des lois avant de devenir des habitudes à ce point contraignantes et vivaces qu'on ne peut prétendre s'en défaire sans apparaître sacrilège. Les ordonnances de Louis IX ont amorcé l'évolution, mais c'est avec Philippe VI et son ordonnance de 1388 que le système prend forme. Désormais, l'enquête est secrète, l'accusé n'a pas accès aux pièces de son dossier, l'enquêteur-juge arrête, interroge et condamne. Il dicte à la greffière les réponses de l'accusé auquel il a fait prêter serment. Le mouvement n'allait plus s'arrêter. François Ier et l'ordonnance de 1539 dite de Villers-Cotteret, Louis XIV et la grande ordonnance de 1670 ont encore durci les règles. Les témoins sont, eux aussi, interrogés secrètement. S'ils varient dans leurs déclarations, ils sont accusés du crime de parjure. S'il y a des indices de culpabilité, on torture. Le procureur du roi prend le pas sur les autres parties.

La défense, interdite dans la phase d'instruction, fait à l'audience de la figuration.

Après l'arrêt de la torture décidé par Louis XVI et la parenthèse de la Révolution qui a supprimé le ministère public et établi la publicité, le code d'instruction criminelle de 1808 a remis en vigueur, en l'aggravant sur certains points, la procédure de l'Ancien Régime. Le juge d'instruction est placé par la loi sous l'autorité du procureur. Celui-ci devient alors, ce qu'il est encore aujourd'hui, le vrai maître du procès.

De nombreux auteurs, avant Cesare Beccaria et Voltaire, ont dénoncé les vices d'un système qui place l'accusé en position d'infériorité, lui interdit de critiquer les charges au moment utile, l'empêche de s'exprimer par sa bouche et fait dire aux témoins ce que le juge veut entendre. Les œuvres de Pierre Ayrault (XVIe siècle), Augustin Nicolas (XVIIe siècle) comme celles de Beccaria et Voltaire ont beau faire l'unanimité, l'institution de la garde à vue, qui perpétue l'ensemble des atteintes aux libertés stigmatisées par eux, demeure intacte.

Cette histoire a réussi à effacer l'idée simple que toutes les parties méritaient d'être traitées de la même manière, que celui qui accuse n'a pas plus de droits que celui qui est accusé, que celui qui se plaint ne mérite pas plus de considération que celui qui est soupçonné et, d'une manière générale, qu'à défaut d'égalité des droits et de loyauté, la bataille judiciaire est une boucherie.

Sans doute la torture physique a-t-elle disparu. Sans doute reconnaît-on aujourd'hui à la partie civile et au mis en examen certains droits mais, dans sa structure, la procédure criminelle n'a pas changé. L'enquêteur continue d'être un juge. Le secret et la terreur morale sont toujours pratiqués au cours de la garde à vue.

Le rôle de l'accusé est passif et, si la vérité judiciaire n'est plus adossée à la religion, elle s'est trouvée à travers l'État un autre garant et prétend encore être absolue.

Les régimes totalitaires mais aussi les régimes simplement autoritaires ont traité la question judiciaire comme une affaire d'État relevant de la politique. Aucune doctrine, même parmi les plus libérales, ne remet en cause le rôle de la puissance publique dans le service de la justice. On admet comme une évidence que celle-ci n'est pas une affaire privée et que le droit de la vengeance d'autrefois était des plus barbares. L'État, croyons-nous, rend la justice comme autrefois le bon saint Louis sous son chêne. Il distingue en toute indépendance, les bons et les méchants et traite de la même manière les puissants et les faibles. L'image pieuse a été pas mal arrangée. Louis IX n'avait rien de gentil. C'était un prince fanatique et sans pitié qui, se croyant promis à la vie éternelle, faisait brûler les lèvres des blasphémateurs. Nous ne sommes pas délivrés de son héritage. Nous persistons à croire que l'État dispose des moyens de faire apparaître la vérité dans le procès, nous l'exigeons de lui et, s'il n'y parvient pas, nous lui reprochons de la cacher. L'État moderne, bien que laïque et affaibli, ne déteste pas ce discours et, lorsqu'un crime secoue l'opinion, ses représentants ne laissent pas passer l'occasion de proclamer que « toute la lumière sera faite ». Dans le même temps, et sans y voir de contradiction, nous voulons des juges indépendants à l'abri des pressions. Le formidable accroissement dans la seconde moitié du XXe siècle des dépenses publiques en vue d'assurer le bien-être individuel a encore renforcé notre conviction que l'État-providence pouvait et devait rendre la justice.

La fausse indépendance de la justice

Aveuglés par notre attente, nous ne faisons plus la distinction entre les tâches de maintien de l'ordre et la question judiciaire. Si l'on peut admettre que l'État ait à l'égard des membres de la communauté une obligation de sécurité, cela ne peut signifier qu'il doive, dans le procès judiciaire, jouer les deux rôles incompatibles d'enquêteur et de juge. La neutralité des représentants de l'État dans l'accomplissement des missions de service public est un dogme mais, dans le domaine judiciaire plus qu'ailleurs, c'est aussi un leurre. Comment l'enquêteur pourrait-il rester neutre tout en faisant avancer ses investigations dans un sens déterminé ? Comment pourrait-il maintenir un parfait équilibre entre les intérêts contradictoires des parties alors qu'il faillirait à sa mission s'il ne découvrait pas le coupable ? Agent de l'État imbu de son rôle, le juge-enquêteur, monstre hybride, est porté par la conviction que la vérité absolue est à sa portée, alors qu'elle est inaccessible aux parties. Ce magistrat, fonctionnaire d'un type particulier, présente un trait caractéristique qui le distingue des autres agents du service public et rend son action infiniment plus pernicieuse. Il n'appuie pas seulement ses certitudes sur le dogme de la neutralité partagé par l'ensemble des fonctionnaires, mais aussi sur le postulat d'un accès exclusif à une vérité incontestable.

On arrive alors à un paradoxe. Plus ces fonctionnaires sont indépendants et plus ils sont dangereux. Car leur indépendance à l'égard de l'autorité politique les livre sans défense à leur propre jugement. Bien sûr, ils ne sont pas exempts de doutes, mais, quand vient le moment de la nécessaire décision, ils doivent les étouffer. C'est la thèse adoptée par l'enquête dès l'origine qui les emporte dans ce qui peut être une victoire mais aussi un naufrage. Pris individuellement, chacun des agents qui concourent à la procédure serait peut-être disposé à remettre en cause sa décision, à la réviser ou au moins à la réexaminer, mais le groupe formé autour de l'enquête, lequel englobe les policiers, les procureurs, les juges d'instruction et les magistrats de la chambre de contrôle de l'instruction, a un tout autre état d'esprit. Malgré la diversité de chacun de ses membres et leur capacité théorique à s'autocensurer, ce groupe est animé par la conviction qu'il doit et peut produire une vérité absolue, que c'est là sa mission, que celle-ci est difficile et qu'il la remplira s'il évite les pièges tendus, les sollicitations multiples ainsi que les hésitations de l'esprit et les faiblesses du cœur. Enfermés dans une citadelle morale, ils ont une mentalité d'assiégés et repoussent *a priori* les suggestions venues de l'extérieur. Peu importe qu'elles soient bonnes ou mauvaises puisqu'elles sont étrangères. Certains d'entre eux sont très arrogants, d'autres sont timides et même effacés, mais tous ont l'assurance que la vérité est une pure essence dont ils détiennent le secret.

Comment on fabrique l'erreur

Depuis qu'elle existe, cette procédure a engendré une quantité innombrable de désastres fabriqués sur un modèle identique. Trois conditions sont nécessaires. La gravité des faits, telle qu'elle est perçue selon la mode du jour, doit sauter aux yeux. Deuxième condition : la première piste empruntée par les enquêteurs doit avoir été partiellement vérifiée. Un témoin a vu, le jour des faits, un homme barbu portant des jeans bleus. Si le plaignant accuse un certain François et si celui-ci porte la barbe et a dans sa garde-robe des jeans bleus, c'est un élément qui rend l'hypothèse de sa culpabilité vraisemblable. Troisième condition : le suspect doit avoir un passé ou un comportement compatibles avec les accusations portées contre lui. François est soupçonné de pédophilie. S'il a déjà été condamné pour des faits sexuels ou bien encore s'il y a dans son entourage des personnes qui ont remarqué de sa part des gestes déplacés ou équivoques à l'égard d'enfants, il remplit le troisième critère.

Si les trois critères que je viens d'énumérer sont réunis, la machine se met en marche et la situation de François est périlleuse. Le premier critère joue à fond contre lui, d'abord au stade de la garde à vue, puis devant le juge des libertés et la chambre de l'instruction. Pendant la garde à vue, il est traité sans ménagement et, si sa personnalité n'est pas solide, il n'est pas insensible à l'argument des policiers lui disant qu'il sera relâché s'il avoue. Lorsqu'il demande aux juges de le libérer (car il est toujours détenu malgré les promesses des policiers), la gravité des faits constitue une raison incassable de le maintenir en détention.

Le deuxième critère justifie sa mise en examen et, en même temps, limite sa défense. L'enfant ayant dit que « le monsieur était barbu », la question va se poser de savoir si la confrontation réclamée par l'avocat doit avoir lieu ou pas. On interroge le psychologue. « Non, affirme celui-ci, l'enfant a bien assez souffert, il n'est pas souhaitable de le mettre en présence de son agresseur. » Pas de confrontation.

Le troisième critère permet de prolonger l'incarcération jusqu'au procès. Toutes les demandes de mise en liberté sont rejetées pour « éviter le risque de réitération de l'infraction résultant des antécédents du mis en examen ».

Avec des variantes, on retrouve ce schéma dans tous les dossiers. C'est celui de l'affaire d'Outreau, mais aussi de quantité d'affaires dont le manque d'originalité fait qu'on n'en parle pas.

À Outreau, ville du Nord de la France, plusieurs personnes accusées d'abus sexuels et réunissant les trois critères ont été placées en détention pendant trois ans avant d'être acquittées en 2004 par la cour d'assises. Si la mère des enfants agressés, elle-même détenue pour des viols répétés sur ses propres enfants, n'avait pas, fait exceptionnel, reconnu qu'elle avait menti en les dénonçant, ces gens n'auraient pas été innocentés. Ce n'est pas la procédure mais un miracle qui les a sauvés. L'affaire ayant fait grand bruit, le ministre de la Justice a compris qu'il fallait rassurer l'opinion et proposé un remède pour éviter le retour d'une situation aussi manifestement injuste. L'idée lancée par lui le lendemain de l'acquittement vaut d'être étudiée de près. « Je vais suggérer que dans les affaires de cette importance l'instruction soit confiée à plusieurs magistrats et non plus à un seul. » De cette façon, a-t-il expliqué, le poids immense de la responsabilité du juge ainsi que celui de sa tâche sera allégé.

Il est clair comme le jour en plein midi que ce ministre n'avait aucune notion de la réalité de la procédure criminelle car sa proposition, si elle était adoptée, ne pourrait que renforcer les causes qui ont provoqué le désastre d'Outreau. L'instruction, il est vrai, avait été conduite par un juge dont c'était la première affaire importante. Lors de son audition par la cour d'assises de Saint-Omer, il était apparu imperméable aux critiques et sûr de lui, de sorte que certains incriminèrent sa jeunesse et son inexpérience. En réalité, sans même qu'il s'en rendît compte, ce jeune homme, qui portait sur ses épaules la tradition de la justice monarchique, était un vieillard usé par une institution qui l'avait façonné à son image. Pour lui, comme pour l'ensemble de ses collègues, la valeur d'une information dépend beaucoup plus de son origine que de son contenu. Si elle n'émane pas de la police, du procureur ou d'un expert patenté, elle est examinée avec un préjugé défavorable. Venant d'eux au contraire, elle apparaît sérieuse et pèse plus lourd. Dès l'instant où l'ensemble des partenaires a jugé l'hypothèse plausible, le juge d'instruction et la chambre qui le contrôle mettent toute leur énergie à barrer la route aux idées et aux suggestions d'origine étrangère. Quand le conseil du mis en examen propose une autre direction d'enquête et, à l'appui de son initiative, sollicite des vérifications complémentaires, le premier réflexe du juge d'instruction n'est pas de se demander si la mesure envisagée a de l'intérêt, mais de dénicher dans les arcanes de la procédure un moyen de forme lui permettant de la rejeter sans examen. Pour lui ainsi que pour ceux qui travaillent en amont ou en aval de la chaîne pénale dont il est le maillon, la défense est supportable si elle est un principe inactif. Elle devient antipathique si elle réfléchit, bouge et conteste. Elle serait même rapidement gênante si le Code de procédure pénale ne contenait pas tout ce qu'il faut pour la réduire à l'impuissance.

Une vérité autorisée

Cette attitude des juges a une histoire et une explication qui l'enracinent dans leur mentalité ainsi que dans la mentalité collective au point qu'ils n'en sont pas conscients. Du coup, la notion de vérité a perdu sa signification objective. Le sens du procès équitable a été égaré. Le débat contradictoire n'est aujourd'hui qu'une formule vide. Permettre à deux thèses opposées de s'exprimer librement, ce qui est la pratique actuelle dans la phase de l'audience, ne suffit pas. C'est même un exercice creux si l'une de ces thèses a été autorisée au début de la procédure à réunir avec des moyens coercitifs et dans le plus grand secret des informations auxquelles l'autre, interdite de parole dans la phase décisive des premiers pas de l'enquête, n'a pas eu accès. Il faut être aveugle ou de mauvaise foi pour soutenir que le principe du contradictoire est respecté dès lors qu'après la clôture de l'information, les parties peuvent faire venir à l'audience les témoins de leur choix et leur poser toutes les questions qui leur viennent à l'esprit. En réalité, ce droit s'exerce de manière tellement tardive qu'il est vidé de sa substance. Le vrai procès est bouclé depuis longtemps et la thèse de la défense n'a pas eu les moyens d'opposer à celle de l'accusation une véritable contradiction appuyée sur un ensemble cohérent d'éléments matériels et de témoignages.

La vérité qui déboule à l'audience est un produit de la superstition. Lâchée du ciel ou déchiffrée dans les cris du supplicié ou les larmes de la victime, elle n'a pas été formée par une enquête sérieuse et impartiale mais par un décret paré de l'autorité de l'État. Sous prétexte que le fait à juger a engendré du mal et de la souffrance, les fonctionnaires de la justice tournent le dos à la raison et au bon sens. Animés par la prétention de faire barrage au mal, ils croient, comme on le faisait au temps de saint Louis et des miracles, que la douleur est rédemptrice, qu'elle annonce le cortège de la vérité au son des trompettes. Est-ce parce qu'elle est fragile ? Cette vérité de théâtre, dont l'origine est irrationnelle, se veut absolue, donc inattaquable.

Cette conception autiste de la vérité judiciaire continue de faire des ravages. Elle est explicable, on l'a vu, mais elle n'est pas non plus sans excuses. L'institution judiciaire se voit dénier le droit à l'erreur. On lui interdit de se tromper. Donc, elle ne se trompe pas. Avant l'intervention de l'État telle qu'on l'a vue se développer dans la procédure criminelle, l'exigence de vérité s'accompagnait d'une prise de risque. L'accusateur s'exposait personnellement aux coups de son adversaire dans une lutte à mort. Ce bloc d'effroi inspirait la crainte mais aussi le respect. Il faisait taire la controverse sans enlever aux parties la moindre parcelle de leur dignité. Barbare si l'on veut, cruel à n'en pas douter, irrationnel à coup sûr, le duel judiciaire se déroulait au moins dans une parfaite égalité et ennoblissait les adversaires au lieu qu'aujourd'hui l'institution les rabaisse et les humilie sans du tout leur procurer une vérité d'une meilleure facture.

Le duel judiciaire ne pouvait pas plus produire de vérité absolue que la justice d'État aujourd'hui, mais il avait ce mérite d'imposer l'égalité des parties sans laquelle il n'y a pas de procès juste. Il imposait une autre idée, mais de celle-là nous n'avons pas su nous détacher, celle que le procès amène la vérité comme le soleil amène le jour. L'arrogance de l'institution judiciaire, son mépris des parties en présence, sa partialité dans bien des cas trouvent une excuse dans la persistance de la conviction archaïque qu'il existe un moyen de rendre l'institution judiciaire infaillible.

Les progrès accomplis par les techniques d'investigation, le développement formidable de la biologie, de la génétique et de l'informatique ne font que renforcer cette conviction puérile. Plus les méthodes scientifiques prendront de place dans l'enquête judiciaire, plus la vigilance des juges s'endormira et moins ils jugeront nécessaire d'accueillir la critique des résultats. On ne voit pas que c'est la fiabilité de ces méthodes qui rend plus facile et plus urgente l'instauration, qui sera aussi un retour, d'une véritable égalité des parties. La vérité scientifique n'a aucun besoin de l'autorité de l'État. Au contraire, elle doit s'en méfier. Elle n'a besoin que de rigueur, c'est-à-dire d'une méthode qui laisse place à la contradiction. L'existence de techniques d'investigation et de contrôle de plus en plus précises et sûres est une chance pour l'enquête judiciaire, mais c'est aussi un défi. Si les accusés devaient rester, comme c'est le cas aujourd'hui, à la porte des laboratoires dans lesquels les certitudes se mitonnent, les conséquences de l'enquête unilatérale telle qu'elle se perpétue seraient encore plus irrémédiables.

Que faire ?

Si le crime occupe une telle place dans nos esprits et dans nos fantasmes, ce n'est pas uniquement parce que sa représentation suscite des émotions fortes et des sentiments complexes, c'est aussi parce que la manière dont, à chaque époque, le crime est réprimé marque notre degré d'asservissement. Au temps des duels judiciaires, l'exercice de la justice s'accompagnait pour le petit nombre de ceux qui n'étaient pas des serfs, d'une manifestation éclatante de la liberté individuelle. L'entrée de l'Église suivie de celle de l'État religieux remplacé par l'État républicain a changé la donne. La servitude du justiciable est désormais morale et pas seulement matérielle. C'est pourquoi nous acceptons facilement que la prétendue vérité nous soit, non plus révélée comme autrefois, mais donnée ou conférée par un pouvoir dont nous reconnaissons la supériorité. En supportant d'être privés, dans le procès, d'une partie de nos droits et d'être traités en inférieurs par les fonctionnaires de la justice, nous accréditons l'idée qu'ils sont mieux placés que le premier venu pour faire apparaître la vérité, alors que celle-ci ne devrait dépendre que de la rigueur de la méthode et, plus généralement, nous nous comportons comme des esclaves ayant perdu le goût et l'ineffable saveur de l'innocence.

Que faire ? La voie est tracée car il n'y a pas d'alternative. On ne fera pas entrer l'égalité des parties dans le procès, on ne mettra pas fin à l'inévitable partialité du juge et au trucage des cartes, on ne restaurera pas la dignité de la personne soupçonnée, on ne fera pas disparaître la présomption de culpabilité sans supprimer la garde à vue et ses séquelles, ce qui entraînera la mise en œuvre d'un ensemble de règles simples : que la poursuite soit dans les mains d'une autorité indépendante et distincte de celle des juges, que ceux-ci n'aient aucun contact avec les enquêteurs en dehors de la présence des parties, que le suspect ne puisse faire l'objet d'aucune mesure de contrainte ni être soumis à aucun interrogatoire avant une mise en examen décidée par un juge au cours d'un débat contradictoire, que les parties soient maîtresses de leurs investigations sous le contrôle de juges qui ne pourront les interdire qu'en cas de déloyauté, que ces investigations soient accomplies en présence de toutes les parties qui pourront les compléter et offrir de les critiquer, que les mesures et interrogatoires autorisés par le juge aient lieu devant elles et leurs conseils, que tous les résultats des actes permis par le juge soient immédiatement portés à leur connaissance et qu'après la mise en examen aucun témoin ne puisse être entendu sans la présence de l'accusé. En dehors de ces principes, il n'y a pas de procès équitable.

CHAPITRE III

SACRÉES VICTIMES

Naissance de la victimologie*

Héritière de l'Ancien Régime, affectée par des vices cent fois mis en évidence, génératrice de mille misères et injustices quotidiennes, la procédure criminelle en vigueur connaît aussi des dérapages plus modernes. En ce début du XXIe siècle, à un moment où l'État affaibli doute de lui-même, une nouvelle puissance irrationnelle a envahi les prétoires, c'est le culte de la victime.

* Voir Richard Rechtman, « Être victime : généalogie d'une condition clinique », *Évol. psychiat.*, 2002, 67, p. 775-795.

À l'origine de la déferlante, il y a la guerre. Pas la Seconde, la Première, la Grande, celle de 1914-1918. Comment devait-on se comporter à l'égard de ces combattants indemnes qui, ne supportant plus la vie dans les tranchées sous les bombes à côté des cadavres de leurs camarades, demandaient à quitter le front ? Fallait-il les mélanger à l'hôpital avec les glorieuses gueules cassées ou les amener devant le conseil de guerre ? Étaient-ils des simulateurs ou des invalides d'un genre nouveau ? Leurs corps, marqués par la fatigue et par la peur, ne portaient pas la moindre trace de blessure. Ils n'étaient affectés par rien de visible et n'entraient dans aucune catégorie psychiatrique connue. Qu'avaient-ils en commun qui retenait l'attention ? Une même expérience vécue, un même désir irrésistible d'évacuer les premières lignes et, aussi, un certain nombre de symptômes comparables : troubles du sommeil, cauchemars répétitifs, pensées intrusives allant jusqu'à la confusion mentale. Cette névrose de guerre annonçant la névrose traumatique dont on allait faire grand cas par la suite fut traitée à l'électricité, ce qu'on appelait la faradisation, sans que disparaisse le soupçon d'insincérité. On exigeait encore du malade qu'il prouve lui-même, avec l'aide de son histoire personnelle, la réalité de l'affection dont il se plaignait. Néanmoins, une figure nouvelle d'humanité, grosse d'un avenir que personne n'imaginait, venait de faire son apparition. À côté du combattant dont les infirmités attestaient l'héroïsme sans qu'on cherche à savoir s'il avait voulu son sacrifice prenait place un être également amoindri mais inapte à recevoir le bénéfice moral des dommages subis. Une seule alternative s'offrait à lui : ou bien il était un lâche ou bien il était une victime, et s'il ne voulait pas passer pour un lâche, c'était à lui de prouver qu'il était une victime. Sa situation n'était guère enviable puisque la réalité du traumatisme invoqué n'était admise que si le choc psychologique entrait en résonance avec une personnalité déjà pathologique.

Le second conflit mondial battit encore les cartes et changea la donne. Devenue un but de guerre, la destruction des populations civiles se fit aussi en dehors du champ de bataille et parfois sans lien avec l'action militaire principale.

En plus des souffrances endurées par ces populations dont le sort ne se rattachait à aucun enjeu et ne trouvait nulle part une justification, l'absurdité de leur destin n'offrait aucune échappatoire. La situation des rescapés ne ressemblait à rien de connu. Au-delà des séquelles physiques, leur douleur morale présentait des singularités qu'on réunit et désigna sous le vocable de syndrome du survivant. Le sentiment d'une faute inexpiable, lié au seul fait d'avoir survécu alors que tant d'autres (et parmi eux de meilleurs que soi) étaient morts s'ajoutait aux signes habituels de la névrose traumatique. La condition de victime s'enrichissait de plusieurs dimensions nouvelles. En premier lieu, le traumatisme psychologique ne donnant plus prise à la contestation s'affichait comme une réalité indépendante de la personnalité qui le subissait. En même temps, ce traumatisme était d'une telle gravité qu'il disputait la première place à toutes les autres formes de violence sur l'échelle humaine des souffrances physiques et morales connues. Ces victimes parfaites n'échappèrent pas pour autant à la malédiction qui avait déjà frappé certains anciens combattants de la Première Guerre. Si elles n'avaient plus, comme ceux-ci avaient eu à le faire, à prouver leur pathologie elles eurent encore à lutter contre une autre forme de soupçon. D'une part, elles durent affronter la négation de leur histoire et, d'autre part, elles se mesurèrent à un ennemi intérieur qui les rappelait à leur propre culpabilité. Tout en leur conférant une place de premier plan qui leur valut une sorte de compassion universelle, leur statut de victime de référence ne les avait mises à l'abri ni des attaques extérieures sous la forme du négationnisme ni des attaques intérieures sous la forme du sentiment de culpabilité.

Toutefois, les bases de la victimologie étaient posées. On ne se contentait plus des faits matériels. La souffrance à prendre en compte pouvait exister même si elle était invisible et celui qui était atteint n'avait plus à démontrer que la rencontre du fait générateur avec une personnalité pathogène avait créé le traumatisme. Qui aurait osé prétendre que la Shoah n'affectait pas les survivants s'ils étaient normaux ? On savait désormais, et surtout on admettait, qu'un événement hors du commun, même s'il survenait à l'occasion d'une guerre, entraînait des conséquences psychologiques majeures et durables.

Le culte de la victime

Cette approche a marqué une nouvelle étape dans la définition et le traitement des victimes. Le mot a changé de signification ou plutôt renoué avec la connotation ancienne, en partie abandonnée par l'usage, de sacrifice. Seulement, celui-ci n'était pas destiné à apaiser la colère divine mais les ambitions d'un ou de plusieurs individus autoproclamés sauveurs de l'humanité. Plus moderne, en tout cas moins archaïque, était l'affirmation qu'une personne atteinte par une agression était tourmentée par la culpabilité. Après l'Holocauste, la victime « idéale » présentait quatre traits principaux : elle n'encourait aucune responsabilité dans les violences qu'elle avait subies ; elle présentait un traumatisme psychologique majeur ; sa version des faits était parfois mise en doute ; en dépit de sa totale innocence, elle éprouvait un sentiment de culpabilité. Bien que peu ou pas utilisée pour juger les crimes qui l'avaient engendrée, leurs auteurs étant restés le plus souvent impunis, la nouvelle figure de la victime, telle qu'elle se révèle dans les cendres de la Shoah, s'est mise à hanter les esprits. Certains lui ont attribué une spécificité qui la rendait à jamais incomparable, d'autres au contraire l'ont mise en doute mais, pour les uns comme pour les autres, elle siégeait au sommet de la hiérarchie de la souffrance et du malheur. Et il est advenu qu'à ce sommet comme à n'importe quel autre, nombreux ont été ceux qui ont voulu se hisser.

Les uns ont tenté l'escalade en niant que de telles victimes aient jamais existé, les autres, reconnaissant qu'elles avaient bel et bien enduré jusqu'au bout leur martyre, l'ont utilisé comme un précédent dans la continuité duquel leur propre malheur s'inscrivait.

Alors que, par la force des choses, les victimes du premier génocide déclaré n'ont guère eu l'occasion d'être reconnues comme telles, elles ont laissé un héritage dont tous, y compris leurs anciens ennemis, ont cherché à arracher un lambeau.

Désormais, il n'y a plus guère de souffrance qui n'exige d'être prise en compte, réparée, indemnisée, mais surtout reconnue. La revendication, puis la récrimination, tôt suivie de l'incrimination, émanent de ceux qui ont à se plaindre d'un comportement humain mais aussi de ceux que le sort a placés dans une situation qu'ils jugent inférieure. La rhétorique de la victime est devenue le dernier mot de la plupart des actions collectives. La contagion s'est emparée des individus, mais aussi des groupes et même des États. Dans n'importe quel conflit, le but n'est plus de faire prévaloir la justesse de sa cause mais, en adoptant la posture de la victime, de convaincre qu'on a été agressé. Dans l'histoire des nations, une telle attitude ne serait pas nouvelle si elle n'avait été érigée en système. Avoir tort ou raison importe moins que de se poser en victime, après une surenchère qu'aucune considération ne limite.

Le processus s'est accéléré avec les conflits postérieurs à la Seconde Guerre mondiale, et en particulier celui du Viêt-nam, qui ont introduit une notion nouvelle dans la définition de la victime. L'invention d'un nouveau diagnostic (le PVS ou *Post Vietnam Syndrom*) a permis de conférer aux agresseurs eux-mêmes la condition de victime. À côté de la victime directe d'une violence inhabituelle, on a rangé parmi les vétérans de la guerre ceux qui, bien qu'auteurs de la violence inhabituelle, avaient subi un traumatisme variable en fonction de leur degré de participation à cet événement hors du commun. La confusion étant à son comble, n'importe quel bourreau pouvait, en fonction de la grille d'interprétation adoptée, devenir une victime.

Tous ceux qui ont quelque chose à demander, quel que soit le niveau de légitimité de leurs réclamations, n'ont plus qu'à s'introduire dans une nouvelle catégorie de victimes pour faire avancer leurs revendications. Si, par-dessus le marché, on se dit victime d'une ancienne victime devenue elle-même bourreau, on peut se croire dans une position inexpugnable. C'est alors un défilé ininterrompu de victimes bien décidées à ne pas se laisser ravir la première place. Il s'en trouve même pour affirmer qu'il y a des victimes innocentes. Si un Noir, un Arabe ou un juif sont agressés, ce sont des victimes, mais si l'agression les visant a atteint des gens qui ne sont ni noirs, ni arabes, ni juifs, alors on est en présence de victimes innocentes. Partout, on se met à danser le bal des victimes. Dans la diplomatie, dans la politique, dans la vie quotidienne et, pire que tout, on va le voir, dans la vie judiciaire.

Il faut d'abord que chaque groupe ait, à défaut d'un génocide à sa mesure, une menace de génocide, physique si c'est possible et moral sinon. Les unes après les autres, les minorités montent au créneau. On avoue facilement ses faiblesses, ses insuffisances, ses incapacités si c'est le prix à payer pour apparaître en victime. Dans tous les domaines, c'est la surenchère. On est victime de l'État, d'un autre groupe, d'une classe d'âge, d'un autre sexe, de la mauvaise éducation, de la bonne éducation, des étrangers, des proches, des riches, des pauvres, des autres en général, mais aussi de soi-même, de ses habitudes, de ses mauvais penchants. On fait reculer les limites du sanctuaire, mais on conserve dans un réduit plus étroit, plus assiégé, plus malheureux, cette merveilleuse essence de pureté que confère l'état de victime.

Dérive

Un sommet a été atteint quand on a décrété qu'il existait un droit des victimes. On ne dit pas, ce qui allait de soi depuis toujours, que la victime d'un dommage dispose de certains droits mais que les victimes doivent se voir reconnaître des droits spécifiques. Cette dernière affirmation est littéralement insensée. En termes juridiques, en effet, la qualité de victime ne se décrète pas et ne peut résulter que d'un jugement départageant un plaignant et un accusé. Au tribunal, il y a un banc pour les parties civiles, mais il n'y en a pas, il ne peut pas y en avoir, pour les victimes. En dépit de cette évidence, les prétendues victimes occupent aujourd'hui la place centrale dans le procès. Elles le doivent à la convergence de deux phénomènes. D'une part, on l'a vu, la justice criminelle ne réussit pas à se défaire du lien religieux qui, dans une tradition ininterrompue, unit la vérité et la souffrance. D'autre part, la victimisation des relations sociales a atteint, dans certains cas, une telle ampleur que l'institution judiciaire a été touchée de plein fouet.

Barabas est accusé de viol. Le procès a lieu dix ans après les faits qu'on lui reproche. À l'époque de ses relations avec lui, Anne, la plaignante, avait quatorze ans. Aujourd'hui, elle est majeure. Barabas, à l'audience, nie.

« Barabas, demande le président, quelle est votre position aujourd'hui ? Reconnaissez-vous les faits ?

— Non, je ne les reconnais pas. »

Barabas a vécu plusieurs années avec la mère d'Anne. La jeune fille, alors lycéenne, ne s'était plainte de rien. Quand sa mère et son beau-père se sont séparés, Anne avait quitté le domicile familial depuis deux ans. Barabas, qui n'avait pas d'enfant et dont c'était le deuxième mariage, a tenté de convaincre Simone, la mère d'Anne, de renoncer à son projet de divorce. Simone n'a rien voulu entendre. Elle est allée voir un avocat qui lui a expliqué qu'elle n'obtiendrait pas de pension si le divorce était prononcé à ses torts. Simone est revenue chez l'avocat mais, cette fois, elle était accompagnée d'Anne. La jeune fille a expliqué quel calvaire elle avait vécu auprès de son beau-père. Chaque fois que Simone, dont l'emploi de VRP l'obligeait à de fréquents déplacements, quittait le domicile conjugal, Barabas la faisait coucher avec lui, dans le lit matrimonial. La première fois, il l'avait attendue en lui disant qu'il ne supportait pas la solitude la nuit. Naïvement, elle avait accepté de lui tenir compagnie et il l'avait prise par surprise. Ensuite, elle avait refusé de le rejoindre et même menacé de tout raconter à sa mère, mais lui, très sûr de lui, avait vaincu sa résistance : Simone ne la croirait pas, cette révélation allait briser le ménage, sa mère n'aurait plus de quoi la nourrir, et elle, Anne, finirait sur le trottoir. Plus tard, elle s'était rebellée. Alors, il l'avait forcée et, à nouveau, il lui avait dit que sa mère ne la croirait pas. D'ailleurs, avait-il ajouté, elle n'était qu'une petite putain.

L'avocat de Simone lui ayant conseillé d'aller à la police, Anne a porté plainte contre Barabas. Au début, les policiers ont eu du mal à la croire mais, après la déposition de Simone et celle de Christian, le futur mari d'Anne, ils ont changé d'avis. Christian avait entendu parler de cette histoire. Anne n'acceptait pas certains gestes. Il lui avait demandé une explication qu'elle avait refusé de donner et un jour, en larmes, elle lui avait avoué les viols commis par son beau-père. Elle s'était sentie tellement coupable et honteuse qu'elle s'était refusée à lui pendant des mois, mais il lui avait conseillé de porter plainte et quand elle s'y était décidée, après la visite chez l'avocat, leurs relations s'étaient beaucoup améliorées.

Simone avait tenu à peu près le même langage. Du temps où elle vivait avec Barabas, elle s'était posé des questions. Certains détails avaient retenu son attention. Ainsi, elle avait remarqué un changement dans le comportement de son mari vis-à-vis d'Anne juste après la puberté de celle-ci. Il ne lui adressait que très peu la parole et, s'il le faisait, son ton était dur, impérieux. Elle s'était inquiétée, et avait posé des questions à Anne, qui s'était murée dans le silence. Après la séparation, elle lui avait dit qu'elle était enfin heureuse et puis, un jour alors qu'elles dînaient toutes les deux dans un restaurant pour fêter l'anniversaire de la jeune femme, celle-ci lui avait fait des confidences. Simone ne l'avait pas crue. Elle s'était même fâchée. Elle pensait que Barabas n'était pas capable d'une chose pareille jusqu'au jour où Christian, lui aussi, s'était mis à lui parler. Son futur gendre lui avait fait voir les choses autrement et, maintenant, elle ne doutait plus.

Après ces dépositions, les enquêteurs étaient allés chercher Barabas et l'avaient placé en garde à vue. Ils lui avaient dit qu'il était accusé de viol, mais ils ne lui avaient lu ni les déclarations d'Anne, ni celles de Simone, ni celles de Christian. Barabas avait aussitôt demandé à être confronté avec les deux femmes, mais les policiers avaient refusé. Anne était trop fragile.

Quant à Simone, elle n'avait rien à lui dire puisque son témoignage n'était qu'indirect.

En arrivant à l'audience, Anne était tellement émue qu'elle n'avait pas pu dire un mot. Quand le président lui avait demandé si elle confirmait ce qu'elle avait dit à l'instruction, elle avait éclaté en sanglots avant de lâcher un petit oui étouffé par les larmes.

L'avocat de Barabas lui avait posé des questions. D'abord, il voulait savoir pourquoi elle avait tant tardé à accuser son beau-père. Elle avait peur de lui, répondit-elle. Ensuite, il s'étonna qu'elle n'ait pas parlé plus tôt à sa mère. Anne déclara que ses relations avec elle n'avaient pas toujours été très bonnes. Elle avait craint de provoquer une séparation entre sa mère et son beau-père et, par la suite, de se retrouver à la rue. D'ailleurs, Barabas l'avait menacée de les mettre à la porte toutes les deux.

« C'est vrai, remarqua le président, vous l'avez dit à l'instruction. »

L'avocat se souvenait de ses impressions pendant ses entretiens à la prison avec Barabas lorsque celui-ci avait dénoncé une machination entre la mère et la fille. Il revint à la charge.

« Auriez-vous porté plainte, demanda-t-il à Anne, si votre mère n'avait pas décidé de divorcer ?

— Oui, bien sûr !

— Alors, pourquoi avez-vous tant attendu ?

— Je l'ai déjà expliqué. Je ne voulais pas casser le mariage de ma mère. »

Le président appela la psychologue. C'était une grande femme maigre. Selon elle, le discours d'Anne était cohérent. Elle n'éludait pas les questions et mesurait la gravité de ses accusations. Elle savait qu'on lui prêtait des arrière-pensées intéressées. Elle trouvait ce soupçon injuste car elle avait beaucoup souffert en gardant le silence pour protéger sa mère.

Le président voulut savoir si Anne lui était apparue crédible. La psychologue répondit longuement. Rien dans le propos de la jeune femme ne dénotait un signe d'affabulation. Anne, malgré l'important traumatisme, était équilibrée et fiable.

Le président demanda si cet équilibre n'était pas une défense contre le traumatisme qu'elle avait subi.

« Tout à fait, répondit la psychologue. J'allais d'ailleurs y venir. Certains grands traumatisés ont à cœur de ne rien laisser voir du choc qu'ils ont reçu. Ce sont des personnalités introverties, mais cela ne veut pas dire qu'elles ne sont pas fiables. Bien au contraire. Dans le cas d'Anne, le phénomène est flagrant. Elle ne veut pas qu'on s'apitoie sur elle, mais cela ne signifie pas qu'elle n'a pas souffert. »

Quand ce fut le tour de l'avocat de poser des questions, celui-ci se leva avec un agenda à la main. S'adressant aux jurés, il leur dit que Barabas était méticuleux et qu'il notait tous ses rendez-vous. Il ajouta que l'examen de l'éphéméride prouvait qu'il n'était pas à son domicile aux dates indiquées par Anne pour les absences de sa mère. Le président l'interrompit.

« Ce carnet, a-t-il été saisi ?

— Non, hélas, observa l'avocat.

— Pourquoi ne l'avez-vous pas remis au juge d'instruction ?

— Barabas ne l'avait pas retrouvé mais j'ai demandé au juge d'instruction de vérifier les emplois du temps. Considérant qu'il s'était écoulé trop de temps depuis les faits pour que la vérification ait de la valeur, il a refusé. »

L'intervention du président n'avait pas détourné l'avocat de son objectif. Il se tourna vers la psychologue.

« Nous savons, grâce à cet agenda, que Barabas n'était pas chez lui lorsque la plaignante affirme qu'elle était seule au domicile conjugal avec son beau-père.

— C'est vous qui l'affirmez, lança le président. Rien ne l'établit dans le dossier.

— Je peux faire une remarque ? demanda la grande femme maigre. Nous n'avons pas l'habitude, dans ce genre d'affaires, d'attacher beaucoup d'importance à la précision des souvenirs. L'indication, après toutes ces années, de dates trop précises susciterait au contraire certaines interrogations. »

Avant de laisser partir la psychologue, le président souhaita poser une dernière question. Si Anne disait la vérité, quel était le retentissement des faits sur sa personnalité ?

« Je répondrai par trois remarques. En premier lieu, je dirai que les traumatismes psychologiques ont parfois des conséquences plus profondes et plus sévères que les violences physiques. Les coups ne sont pas forcément ce qui fait le plus souffrir. Une deuxième remarque est que cette jeune femme éprouve un très grand sentiment de culpabilité. Elle s'en veut de n'avoir pas su résister aux pressions de son beau-père et elle se juge responsable du divorce de sa mère. Enfin, je voudrais souligner, sans me prononcer sur les faits, que si Anne dit vrai le refus de l'accusé de prendre en compte sa parole à elle rendra plus difficile la cicatrisation de la blessure morale. »

Autrement dit, Anne, pour se reconstruire, avait besoin que son beau-père la traite comme une personne et non plus comme un objet.

« Vous entendez ce qui vient d'être dit ? C'était le président qui interpellait Barabas. Si vous avez quelque chose à dire à votre ancienne belle-fille, c'est le moment.

— Oui, j'ai quelque chose à ajouter. Elle et sa mère ont menti depuis le début jusqu'à la fin. »

On délibéra. Barabas fut condamné à douze ans de réclusion criminelle.

Quand la victime remplace le souverain

Comment en est-on arrivé là ? Comment cet homme et, tant d'autres avant lui, a-t-il pu être condamné sans autres preuves que les déclarations intéressées d'une seule personne et le discours d'un psychologue ? Les féministes ont une responsabilité écrasante dans cette dérive mais, au-delà, c'est la place prise par la victime dans les conflits individuels et collectifs qui est en cause. On est d'abord frappé de constater que les développements de la victimologie à partir de situations de guerre ont été purement et simplement transposés dans la pratique judiciaire. Les crimes, pour la plupart impunis, commis par les États belligérants dans les guerres européennes de la première moitié du XXe siècle constituent des faits matériels qui ont entraîné des destructions irréparables. Les auteurs du génocide ont été combattus et vaincus pour des raisons qui n'ont rien à voir avec ce crime, dont le nom n'existait d'ailleurs pas au moment où il a été accompli. Venant après une attitude impuissante et parfois même complaisante, une prise de conscience tardive du désastre a permis d'explorer en tâtonnant les effets multiples et complexes des dommages provoqués par ces crimes. Les récits des survivants ainsi que les études menées par la psychiatrie ont fait apparaître la prééminence et la persistance de troubles psychologiques aggravés par le sentiment de culpabilité d'une part et la dénégation du crime d'autre part.

A-t-on, par la suite, voulu se prémunir contre un éventuel reproche de complaisance à l'égard des criminels ? En tout cas, la réaction et le comportement des victimes de faits avérés sont devenus, pour bien des juges, un indice de vérité de faits qui, eux, ne sont pas établis. C'est ainsi que la dénégation de la part de l'accusé n'a pas seulement perdu toute valeur démonstrative, elle apparaît comme une sorte d'aveu, une preuve de culpabilité. De même, la mise en cause de la sincérité du plaignant à travers ses hésitations et ses contradictions n'est pas seulement accueillie comme un geste méchant ou pervers de l'accusé mais comme un signe de sa volonté d'aggraver encore les souffrances de la victime. La psychiatrie laisse penser que les troubles psychologiques résultant de certaines infractions sont compatibles avec des personnalités normales. On considère donc que l'absence de tout signe visible de traumatisme non seulement n'exclut pas le crime mais, dans certains cas, peut constituer un indice supplémentaire de sa réalité.

Cet ensemble de manipulations intellectuelles a-t-il été mené dans le but inconscient de compenser la passivité dont ont bénéficié les auteurs des persécutions de la Seconde Guerre mondiale ? L'hypothèse est permise, mais elle n'explique pas tout. Et surtout, elle ne justifie pas le mécanisme qui aboutit aujourd'hui à une inversion de la procédure criminelle. La prétendue victime entre dans les procès portant sur des infractions sexuelles en terrain conquis. Si elle présente des similitudes avec le portrait de la victime-type, la discussion sur la réalité des faits, d'ailleurs biaisée, passe au second plan. En dramatisant l'intervention du plaignant dans la procédure criminelle, en s'obstinant à ne pas le distinguer de la victime, on a introduit une logique absurde. S'il y a un plaignant, il y a une victime ; s'il y a une victime, elle a eu raison de dénoncer l'infraction ; si elle a eu raison lors de la dénonciation, elle ne peut avoir tort lorsqu'elle désigne l'accusé et tous ceux qui mettent en doute sa parole se rendent complices du criminel.

Or le plaignant soi-disant victime d'une infraction est une partie comme une autre. À ce titre, il doit disposer des autres droits reconnus à toutes les parties, ni plus ni moins. Il n'y a aucune raison de lui accorder plus de considération qu'à l'accusé et de le traiter avec plus d'égards. Limiter le débat contradictoire en interdisant, pratique courante, à l'accusé de faire face au plaignant et de le soumettre à des expertises sous prétexte de protéger la sainte victime est une atteinte violente et injustifiable à un principe élémentaire du procès équitable. Assurer à celle-ci une protection spéciale crée une nouvelle cause de déséquilibre au détriment de l'accusé.

Le procureur, de son côté, mettant ses forces au service de la partie civile et additionnant leurs deux poids, fait de l'audience un jeu de massacre. La situation ainsi créée est également étrange. La partie civile, bien que dominante du point de vue moral et symbolique, est elle-même dans une position d'infériorité vis-à-vis du ministère public puisque celui-ci exerce davantage de droits qu'elle. Malgré cela, c'est elle qui lui fournit, sous une forme renouvelée et inattendue, une partie de sa légitimité perdue. L'affaiblissement de l'État, le recul du sacré, même si ce dernier n'est qu'apparent, ont privé le représentant judiciaire de la société (le procureur) d'une des bases de son autorité. Incarnant le monarque absolu qui lui-même incarnait Dieu, le procureur du roi disposait d'un préjugé d'infaillibilité. Lorsque ce magistrat est devenu républicain, le préjugé a perdu de sa vigueur, ce qui a ouvert la voie à une conception moins irrationnelle du procès criminel.

C'était sans compter avec le phénomène de sacralisation du plaignant qui avance désormais sous l'ombre et la tutelle morales des grandes victimes du XXe siècle. Il en est résulté que la victime occupe aujourd'hui, symboliquement et réellement, la place laissée vide par le souverain. Sa parole est sacrée et chacun est prié de l'aider à « se reconstruire » en contribuant au succès du « travail de deuil ». Les débordements auxquels donne lieu cette conception archaïque et mystique de la victime sont multiples.

Que ceux qui ont souffert de violences dont les causes ou les auteurs tardent à être identifiés puissent obtenir tout de suite une réparation de la part de l'État peut apparaître souhaitable, mais le système entre en opposition avec les règles de la responsabilité pénale. Si le dommage résultant de l'infraction est réparé avant le procès qui désignera son auteur, l'accusé est privé d'une partie importante de ses droits puisque les éléments du préjudice invoqué auront été appréciés en son absence par une commission dont les conclusions pèseront contre lui lors de son procès.

Les aides publiques apportées aux victimes de certains crimes suivent aujourd'hui un régime comparable à celui de la prise en charge des victimes de catastrophes naturelles. C'est un choix. Il a été fait sans tenir compte de ses conséquences sur les droits de l'accusé qui, cela doit être rappelé, n'est pas encore condamné. Quelle valeur accordera-t-on à ses explications si, contestant les faits, il remet en cause la réalité d'un dommage déjà réparé ? Ainsi favorisé, le plaignant est fortifié dans sa posture inébranlable de victime tandis qu'en s'obstinant à combattre et à soutenir sa cause, ce qui après tout est l'exercice normal de son droit, l'accusé apparaît alors comme un mauvais drôle qui, par pure perversité, nie l'évidence. Un tel scénario se produit chaque fois que le crime à juger est grave. Objet de toutes les attentions et sollicitudes, la personne qui se plaint est inattaquable sauf à être indécent. Ne pas lui rendre un hommage appuyé, ou pire encore mettre en doute sa parole, est sacrilège. Les mots entrecoupés de larmes qui sortent de sa bouche meurtrie sont vrais et on est inutilement odieux si on suggère qu'elle a menti ou même qu'elle a pu se tromper. Pourtant, elle est, comme n'importe quel témoin, sujette à l'oubli et à l'erreur. Profondément marquée par son expérience, elle peut avoir une conviction sincère et il est normal que, se sentant en danger, elle ne veuille pas s'en départir. Mais alors que la valeur de son témoignage ne se trouve pas augmentée par ce qu'elle a vécu, sa déposition, douteuse par principe puisqu'elle sert sa cause dans un but personnel, est traitée comme une preuve irrécusable.

Souvent, ces débordements prennent une autre direction. Si les faits sont établis de manière indiscutable, l'accusé est mis en demeure de les avouer publiquement et, s'il y consent, parfois même sous la pression de son propre avocat, il est alors sommé de fournir un récit détaillé de ses actes. Tiraillé entre le dégoût qu'il inspire et la fascination qu'il exerce, il renâcle à accomplir ce retour en arrière mais, entend-il à travers les aboiements de la meute à ses basques, c'est le droit de la victime de savoir ce qui s'est passé et d'en exiger la narration complète de la part de celui qui a commis le crime. C'est, derrière beaucoup d'hypocrisie, le vieux droit de la vengeance qui revient de plain-pied mais, cette fois, dans une partie truquée.

L'idée que le procès criminel était surtout destiné à satisfaire la victime a fait tellement de chemin que des aberrations sont devenues monnaie courante. Peu importe désormais si l'accusé n'a pas toute sa tête s'il est là, physiquement présent, au moment où la victime, toute à sa catharsis, a besoin de lui pour se purifier. C'est une étape qui en annonce d'autres. Pourquoi ne pas abandonner comme inutile la distinction entre responsabilité et irresponsabilité ? La victime ayant un besoin vital, nous dit-on, de trouver, fût-ce pour une compensation illusoire, une personne quelconque en face de son malheur, on fera des procès aux fous incurables.

L'évolution dans ce sens est bien amorcée. Elle conduit également à revoir la définition même des infractions et à faire entrer dans la loi pénale de plus en plus d'agressions immatérielles.

Le harcèlement est un bon exemple. La première pénalisation visait le harcèlement sexuel. Créée à la demande d'associations féministes dans le but de protéger les salariés contre le chantage sexuel de leur employeur, cette infraction empruntée à l'Amérique du Nord a été déclinée sous la forme du harcèlement moral et a servi de prélude aux nouvelles incriminations applicables aux gênes qui émaillent la vie quotidienne. Un vaste domaine s'ouvre à l'exploration des inventeurs du sujet victime. Que de terres encore en friche qui ne demandent qu'à être cultivées par ces innombrables minorités prêtes à agir à travers communautés, groupements et associations !

Le regard ! Du coup d'œil assassin à l'observation langoureuse en passant par le regard discret, appuyé, insistant, scrutateur, insoutenable et toujours plus ou moins salace, tout un monde d'arrière-pensées, de suggestions et de pressions pullule derrière l'œil de l'homme sur la femme. Il attend son justicier.

Tentaculaire et irradiant, le phénomène d'incrimination universelle paraît irréversible. À défaut d'exercer un pouvoir effectif sur autrui, chacun d'entre nous pourra se poser en victime de quelque chose et réclamer à ce titre protection et reconnaissance.

Qu'elles soient petites ou grandes, les misères ne changeront pas mais elles seraient d'un poids moins lourd si elles sont reconnues. Liée à tant de causes sociales et politiques et au mouvement quasi brownien des foules solitaires, cette évolution met chaque individu en face d'un pouvoir lointain, abstrait et administratif qui laisse peu de place à son désir de grandeur. Campant dans son étroit pré carré, il est tenté d'exprimer son quant à soi personnel dans une revendication geignarde.

Constamment appelé à intervenir, l'État ne dit jamais non et passe des uns aux autres pour effacer par une marque appuyée de sollicitude à l'égard de la nouvelle victime les promesses non tenues envers la précédente. Les interdictions, de plus en plus intrusives, s'empilent les unes sur les autres, et pénètrent la vie privée. Celle-ci s'exhibe d'ailleurs volontiers dans un grand étalage de souffrance à défaut d'être admise dans le confessionnal médiatique. Comme si les interdictions ne suffisaient pas, les précautions nous envahissent. On déconseille avant de prohiber. Droits des victimes, protection des risques, incrimination des fous, prisons psychiatriques, c'est tout un. En quelques années, les signes extérieurs de solidarité et d'apitoiement nous ont conduits en douceur vers une plus grande servitude. Subrepticement, l'idée d'un bouclier possible contre tous les dangers et tous les malheurs a miroité sous nos yeux et nous avons payé le prix de cette chimère en abdiquant encore un peu le faible pouvoir laissé par la part congrue de notre liberté.

L'institution judiciaire n'a pas contrarié cette évolution. Elle l'a suivie et parfois accélérée. Dans le champ clos conçu à l'origine pour permettre l'affrontement loyal de deux dignités offensées, une barbarie hypocrite et doucereuse s'est substituée à la cruauté du combat des égaux. Si la procédure d'aujourd'hui affecte moins la sensiblerie, c'est que les violences morales sont moins visibles que les violences physiques. La justice pénale ne cessera pas d'être violente mais elle pourrait être moins arbitraire.

Dans l'ombre du psychiatre

La dérive victimaire et son cortège de fausses vertus baignées d'encens a élargi, au détriment des accusés, la place de l'arbitraire et de l'irrationnel. Lorsque, ce qui est souvent le cas dans les délits sexuels, l'infraction ne laisse pas de traces visibles ou décelables, c'est parole contre parole. Le juge doit choisir. Si les deux discours ne sont ni recueillis dans les mêmes conditions, ni vérifiés de la même manière, ni confrontés l'un à l'autre en présence de leurs auteurs assistés de leurs conseils, le choix sera influencé en faveur de l'un et contre l'autre. C'est ce qui, en l'état actuel de la procédure criminelle, arrive dans toutes les affaires. Dans le cas des infractions sans traces, le juge se fait assister par un psychologue et/ou un psychiatre auquel il demande, non de trancher à sa place, mais de l'aider de ses lumières. Cette aimable litote n'a guère de sens car le juge ne peut qu'adopter les conclusions du spécialiste sur lequel, de fait, il se décharge de sa responsabilité. De son côté, l'expert, peu soucieux d'engager sa responsabilité personnelle, donne un simple avis. Le choix entre les deux paroles est donc effectué par deux irresponsables. Quant à l'avis donné par le praticien, il est lui-même largement influencé par les circonstances de fait dans lesquelles la parole du plaignant a été recueillie. Avant d'appliquer au discours lui-même ses propres critères d'interprétation, le psychologue ou le psychiatre s'est informé de l'état de la procédure et y a trouvé des indications de vraisemblance sur lesquelles il s'appuie.

Supposons que l'accusé, pour une de ces mille raisons qui n'ont rien à voir avec le fond de l'affaire, ait menti sur un détail. L'expert l'apprend avant de pratiquer son examen. Les dénégations se transforment alors en présomption de culpabilité. Il est, dira l'homme de l'art en parlant du suspect, « dans le déni ». Or le déni, pour ce spécialiste, c'est un signe, un très mauvais signe, c'est comme un aveu.

Quand on observe par ailleurs que les critères d'interprétation du discours sont empruntés aux rudiments de la victimologie, on comprend que l'arbitraire et l'irrationnel psychiatriques, décuplés par la culture victimaire dominante ont pris possession du terrain.

La psychiatrisation de la justice pénale est un fait avéré dont on a du mal à mesurer l'ensemble des conséquences. L'expérience acquise dans ce domaine n'est pas très encourageante. Facilement instrumentalisés par les régimes autoritaires, les psychiatres peuvent l'être également dans les démocraties lorsque l'opinion, comme cela arrive en matière criminelle, s'est fixée un objectif prioritaire (« éradiquons les pédophiles », par exemple). Les psychiatres sont conscients de cette évolution qu'ils n'ont pas forcément souhaitée. Peut-on compter sur eux pour en limiter les effets négatifs ? Est-il raisonnable d'attendre qu'un pouvoir en extension se limite lui-même ?

Déjà perceptible dans les affaires sexuelles, l'influence excessive de la psychiatrie dans la procédure pénale peut se répandre dans d'autres domaines et atteindre, à travers certaines incriminations, le cœur des libertés publiques. Ce risque n'est encore que théorique, mais l'accouplement, tel qu'il existe de fait, d'un système d'enquête déséquilibré avec des objectifs de régulation sociale est préoccupant.

Plaignez-vous !

Dans un grand pays, le nombre de gens directement concernés par la justice pénale est proportionnellement faible. Et pourtant, chacun pressent que la façon dont on juge et condamne ceux auxquels on reproche des infractions a de l'importance.

La loi nous donne des droits et nous garantit l'exercice de certaines libertés, mais c'est en présence du juge que leur réalité se mesure. Lorsque le procès, inévitablement soumis à la pression de l'opinion et/ou du pouvoir dominants, est inéquitable et, de surcroît, suit un cours déterminé par des choix arbitraires, la perte et le dommage n'atteignent pas que la minorité impliquée dans sa personne et dans ses biens.

L'État peut procurer la sécurité et la tranquillité, biens précieux, à des gens asservis, mais il ne peut pas garantir à ces derniers qu'ils pourront se défendre loyalement contre n'importe quelle accusation sans rien perdre de leur dignité.

La procédure criminelle en pratique aujourd'hui a été conçue par des régimes autoritaires qui n'avaient aucune considération pour la liberté individuelle. Le monarque absolu, royal puis impérial, s'y trouvait à son aise puisque le moindre verdict rendu par la plus petite juridiction tenait de lui sa valeur de vérité et confortait son pouvoir sacré. Occupant la place laissée vide par ces régimes disparus, d'autres formes d'asservissement ont surgi et maintenu le déséquilibre de l'enquête criminelle. Violent comme autrefois, le système en place ne respecte pas la dignité des parties et ne permet pas la loyauté des débats. Il n'est pas fait pour des hommes libres.

Par ailleurs, il n'est pas certain qu'en plaçant le modèle de la victime au sommet des valeurs et des postures à imiter pour obtenir n'importe quel avantage on ait favorisé l'apprentissage de la liberté. Même si cela étonne, c'est un fait bien installé. Être victime est aujourd'hui une situation enviée et même, aux yeux de certains, enviable. Sincère ou calculé, l'aveu de faiblesse est compensé par la perspective d'être *reconnu.*

Mamadou, dix-huit ans depuis la veille, accompagne son frère (de deux ans son aîné) au tribunal de Bobigny où celui-ci comparaît pour des tags. Hassan signait Brake, on ne sait pourquoi, et couvrait de sa belle écriture gothique toutes les surfaces inaccessibles (murs du métro, murs antibruit du périphérique, wagons en réparation). Hassan a déjà été condamné à la demande de la SNCF. Quand les deux frères entrent dans la salle d'audience, Mamadou croise le regard du procureur et comprend que ça va mal se passer. Hassan a répondu par monosyllabes à l'interrogatoire du président. Reconnaît-il les faits ? On entend un grognement que le président interprète comme un acquiescement. A-t-il des explications à donner ? Hassan ne sachant pas quoi dire, le président lui demande de s'asseoir et donne la parole au procureur, qui s'emporte :

« La SNCF est un service public. Elle dépense chaque année des centaines de milliers d'euros pour nettoyer ce genre de graffitis. Comme ces messieurs ne peuvent pas payer les dommages-intérêts, les dégâts sont répercutés dans les prix. En fin de compte, c'est nous qui en faisons les frais. Nous sommes tous, chacun d'entre nous, et pas seulement la société en général, victimes des agissements de ce garçon qui a l'air de s'en ficher complètement. »

Le jugement sera rendu après la suspension. En attendant, les deux frères quittent la salle. Mamadou siffle entre ses dents : « Sale victime ! »

Mamadou en effet ne se considère pas comme une victime de son frère et, d'une manière générale, il n'a aucune envie d'être assimilé à une victime. Tout le monde ne partage pas son point de vue.

Cette année-là, l'année de la réforme du Code de procédure pénale qui avait jeté une poignée d'avocats dans la rue, un mois après le début de l'été, le membre du gouvernement récemment chargé des droits des victimes eut l'occasion de faire parler de lui.

Une jeune femme qui trouvait qu'elle n'existait pas assez dans la vie du père de son enfant venait de simuler une agression. Elle affirmait qu'on l'avait attaquée dans le RER, six hommes, des Maghrébins et des Noirs. La croyant juive, ils avaient lacéré ses vêtements, tatoué des croix gammées sur son ventre et bousculé son enfant dans sa poussette. Les passagers du train n'avaient pas bronché. C'était le scénario idéal, celui qu'on n'osait pas imaginer tout en le sachant possible, un fait-divers de légende opposant une pure victime (en plus, elle n'était pas juive) de la haine raciste à des agresseurs diaboliques sous le regard amorphe d'une population terrorisée.

Les médias, les associations, les hommes politiques, le président de la République lui-même exprimèrent leur émotion, leur écœurement ainsi que la nécessité de réagir. La secrétaire d'État aux Droits des victimes se trouva naturellement en première ligne. Après la révélation de la supercherie, on l'interrogea. Elle justifia son zèle car « il faut, dit-elle, accorder aux victimes la présomption de bonne foi jusqu'à preuve du contraire ». En quelques mots, l'essentiel est dit. Pour cette responsable politique, la personne qui se plaint d'être une victime doit être considérée et traitée comme telle, et ce qu'elle déclare doit être tenu pour vrai jusqu'à ce que le contraire ait été prouvé. Ce point de vue pousse la dérive victimaire à son paroxysme. Le statut de victime est accordé à ceux qui ont su rendre leur version des faits vraisemblable. Les autres, c'est-à-dire tous ceux que ces déclarations sont susceptibles d'atteindre, ont à prouver qu'il y a imposture, dénaturation des faits ou simple mensonge. En attendant, qu'il soit bien entendu que la présomption est contre eux.

Hélas, la secrétaire d'État n'a peut-être même pas pris conscience de la portée de ses propos tant la conception de la victime est partagée, sous la pression d'une évolution profonde de mentalités asservies.

L'affaire d'Outreau qui a envoyé des innocents en prison et la fausse agression qui portait ce risque sont liées. Elles obéissent à la même logique et aux mêmes présupposés. La plainte, lorsqu'elle émane d'une personne vulnérable et porte sur des faits sensibles, a, aux yeux du plus grand nombre, une valeur de vérité objective.

L'espoir de contrecarrer ce phénomène est un peu vain. On n'a pas fini de voir et d'entendre les vraies et fausses victimes se disputer les premiers rangs. En revanche, la procédure criminelle n'a pas de raisons de contribuer à la propagation de ce culte. Déposer une plainte ne crée qu'un droit unique, celui d'être entendu sur les faits dénoncés et d'être admis à en rapporter la preuve. Pendant toute la durée du procès et jusqu'à sa conclusion, le plaignant ne peut ni se prévaloir de la qualité de victime ni bénéficier d'aucun avantage au détriment des droits de celui qu'il accuse.

Il est anormal qu'une accusation soutenue par un courant d'opinions favorables dans un contexte de bienveillance poreuse à l'égard d'un certain type de plaignants se développe et prenne une avance aux points sur les autres thèses en compétition. Tendant à ce résultat, la procédure actuelle est donc nuisible. Seule l'égalité des armes, dont le principe est affirmé mais à laquelle une pratique servile et superstitieuse tourne le dos, peut l'éviter.

À l'inverse, quoi de plus juste qu'un duel loyal entre égaux arbitré, selon des règles acceptées, par un juge indépendant ? Ce n'est pas l'esprit d'humanité qui l'a banni de nos lois. C'est l'arrogante prétention du prince à imposer à ses sujets la vérité qu'il croyait détenir.

TABLE

DU MÊME AUTEUR

L'Animal judiciaire, Grasset, 1975.
Le Désir de punir, Fayard, 1979.
Le Crime en toute humanité, Grasset, 1984.
Garçons et filles (avec M.-L. De Decher), Barrault, 1987.
La Société des femmes, Flammarion, 1987.
Le Droit Chemin, Plon, 1989.
Blessure mortelle, Flammarion, 1992.
Convaincre (avec J.-D. Bredin), Odile Jacob, 1997.
Justice sans dieu, Odile Jacob, 2000.

CET OUVRAGE A ÉTÉ TRANSCODÉ
ET MIS EN PAGES CHEZ NORD COMPO (VILLENEUVE-D'ASCQ)
ET ACHEVÉ D'IMPRIMER SUR ROTO-PAGE
PAR L'IMPRIMERIE FLOCH À MAYENNE
EN NOVEMBRE 2004

N° d'impression : 61483.
N° d'édition : 7381-1554-1.
Dépôt légal : octobre 2004.
Imprimé en France